어린이를 위한
고사성어
쓰기노트

어린이를 위한
고사성어 쓰기노트

2쇄 인쇄   2023년 8월 10일
2쇄 발행   2023년 8월 16일

편저자   시사정보연구원
발행인   권윤삼
발행처   도서출판 산수야

등록번호   제1-1515호
주소   서울시 마포구 월드컵로 165-4
우편번호   03962
전화   02-332-9655
팩스   02-335-0674

ISBN 978-89-8097-470-2   73190

값은 뒤표지에 있습니다. 잘못된 책은 바꾸어 드립니다.

이 책의 모든 법적 권리는 도서출판 산수야에 있습니다.
저작권법에 의해 보호받는 저작물이므로
본사의 허락 없이 무단 전재, 복제, 전자출판 등을 금합니다.

이 도서의 국립중앙도서관 출판시도서목록(CIP)은
서지정보유통지원시스템 홈페이지(http://seoji.nl.go.kr)와
국가자료공동목록시스템(http://www.nl.go.kr/kolisnet)에서 이용하실 수 있습니다.
(CIP제어번호: CIP2019028647)

어린이를 위한 고사성어 쓰기노트

시사정보연구원 편저

시사패스

★ 머리말

깊고 넓은 삶의 지혜가 담겨 있는 『고사성어』

어린이 여러분은 재미있는 옛이야기에서 유래한 고사성어를 알고 있나요? 고사성어는 주로 네 글자로 이루어져 있어서 사자성어라고도 한답니다. 세월이 흘러도 변함없이 사용되고 있으며 깊고 넓은 삶의 지혜가 담겨 있어서 지금도 문학 작품이나 다양한 글에 인용되고 있어요.

특히 고사성어는 일상생활 언어로도 주로 사용하기 때문에 《어린이를 위한 고사성어 쓰기 노트》를 펼쳐본 어린이라면 익숙하게 느껴질지도 모르겠어요.

어린이 여러분들은 책이나 어른들의 대화를 통해 고사성어들을 들어 봤지만 한자를 잘 몰라서 어렵게 느껴질 수도 있어요. 하지만 한글로 읽고 그 뜻을 새기면서 한자를 적다 보면 어느새 친숙하게 다가올 거예요.

이 책의 특징으로 어린이들의 이해를 돕고 실생활에 바로 적용할 수 있도록 각 고사성어에는 생활 적용 예시문을 표기해 두었답니다. 예시문만 보아도 바로 활용이 가능하기 때문에 읽다 보면 어느새 상황에 맞는 고사성어가 자신도 모르게 입에서 툭 튀어나올 거예요. 고사성어가 유래된 재미있는 이야기를 쉬어가기 페이지라는 코너에 따로 실었으니 동화처럼 읽으면 도움이 될 거예요.

고사성어 책은 많지만 시사패스에서 발행한 책의 강점은 고사성어를 한자 학습과 함께 익

히는 일석이조의 효과를 누릴 수 있다는 점이에요. 고사성어를 한자 쓰는 순서에 따라 또박또박 쓰다 보면 글만 읽었을 때보다 훨씬 빨리 익힐 수 있어요. 이는 과학적으로 검증된 학습방법이기도 해요.

초등 어휘력과 독해력, 고사성어로 일취월장하다!

어린이들이 주로 보는 고사성어는 옛이야기를 바탕으로 풀어 놓은 책들이 대부분이랍니다. 그러다 보니 고사성어가 만들어진 배경은 쉽게 이해되지만, 시간이 지나면 어떤 상황에서 쓰이게 되었는지, 또 내가 어떤 상황에서 사용해야 하는지 잘 모르는 경우가 많아요.

《어린이를 위한 고사성어 쓰기노트》에서는 고사성어의 뜻과 함께 어떤 상황에서 사용하는지 예문을 통해서 바로 활용할 수 있도록 구성했어요. 고사성어를 이루고 있는 한자의 뜻을 생각하며 전체적인 의미를 유추하는 연습도 함께할 수 있기 때문에 초등 어휘력과 독해력에도 도움을 준답니다.

어느 순간 고사성어가 툭, 설득력과 호소력 있는 아이로 거듭나다!

눈으로 보고, 입으로 말하고, 손으로 쓰면서 고사성어를 익히다 보면 나도 모르게 상황에 맞는 고사성어가 입에서 툭 튀어나오게 된답니다. 적절한 상황에서 사용하는 고사성어 한마디는 길고 복잡한 어떠한 설명보다도 호소력 짙은 설득력을 가지게 돼요.

교과서에 등장하는 고사성어, 덤으로 얻는 학습효과!

고사성어를 알고 있으면 대화나 문학 작품 등을 읽을 때 뜻이 쉽게 이해되어 이해력이 높아져 숨은 뜻을 파악하기 쉽답니다. 이 책에서는 우리의 일상에서 쓰임새가 높을 뿐만 아니라 교과서에 등장하는 고사성어들을 가려 뽑았기 때문에 학습효과도 덤으로 얻을 수 있어요.

가나다순 정렬, 필순도 익히면서 한자 학습 가능!

고사성어가 가나다순으로 정렬되어 있어 찾아보기 편리하답니다. 한자를 쓰는 순서를 필순이라고 하는데 어린이 여러분 스스로 한자를 익힐 수 있도록 표기해 두었답니다. 필순에 따라 한자를 또박또박 쓰다 보면 예쁘게 한자를 쓸 수 있을 뿐만 아니라 자신만의 글씨체도 교정할 수 있어요. 마음이 차분해지고 생각이 깊어지며 기억에 오래 남는 한자 학습은 덤이랍니다.

燈下不明
등하불명

등잔 밑이 어둡다는 뜻으로, 가까이에 있는 물건이나 사람을
잘 찾지 못함을 이를 때 사용하는 고사성어

★ 어린이를 위한 고사성어 쓰기노트 이렇게 활용하세요

| 1단계 | 고사성어를 눈으로 보면서 입으로 소리 내어 읽는다.

↓

| 2단계 | 한자의 음과 뜻을 확인하며 어떤 뜻이 담겨 있을지 생각해 본다.

↓

| 3단계 | 뜻풀이를 보고, 내가 어떤 상황일 때 사용할 수 있는지 생각해 본다.

↓

| 4단계 | 한자를 한 자 한 자 또박또박 따라 쓰면서 뜻과 함께 익힌다.

↓

| 5단계 | 실제 적용 예시문을 읽으면서 고사성어를 마음속에 새긴다.

★ 한자의 형성 원리를 배워요

1. 한자는 실제 모양과 형태를 본뜬 글자예요. 상형문자라고 하지요.

☼ → ☉ → 日 → 日   날 일 (해의 모양)

→ → → 子   아들 자 (아들의 모양)

→ → → 目   눈 목 (눈의 모양)

2. 실제 모양으로 나타낼 수 없는 것은 점이나 선이나 부호로 그려 글자를 만들어요. 지사문자라고 하지요.

二 → ㅗ → ㅗ → 上   위 상 (위를 뜻함)

中 → 中 → 中 → 中   가운데 중 (가운데를 뜻함)

木 → 木 → 木 → 本   근본 본 (뿌리를 뜻함)

3. 이미 만들어진 글자를 둘 이상 합쳐서 새로운 글자를 만들어요.
회의문자나 형성문자라고 하지요.

밭에서 힘써 일하는 사람을 남자로 나타냈답니다.

해와 달이 같이 있으니 엄청 밝다는 뜻이 된답니다.

사람이 나무 아래서 쉬고 있다는 뜻이랍니다.

★ 한자 쓰기의 기본 원칙을 배워요

1. 위에서 아래로 쓴다.

言 말씀 언	丶 二 三 三 言 言 言
雲 구름 운	一 丆 丙 币 币 雨 雨 雲 雲 雲 雲

2. 왼쪽에서 오른쪽으로 쓴다.

江 강 강	丶 冫 氵 氵 江 江
例 법식 예	丿 亻 亻 亻 伤 伤 例 例

3. 가로획과 세로획이 겹칠 때는 가로획을 먼저 쓴다.

用 쓸 용	丿 冂 月 月 用
共 함께 공	一 十 廾 共 共 共

4. 삐침과 파임이 만날 때는 삐침을 먼저 쓴다.

人 사람 인	丿 人
文 글월 문	丶 亠 ナ 文

5. 좌우가 대칭될 때에는 가운데를 먼저 쓴다.

小 작을 소	亅 小 小
承 받들 승	丁 了 孑 孑 孑 承 承

10

6. 둘러 싼 모양으로 된 자는 바깥쪽을 먼저 쓴다.

| 同 같을 동 | 丨 冂 冂 同 同 同 |
| 病 병날 병 | 丶 亠 广 广 疒 疒 疒 病 病 病 |

7. 글자를 가로지르는 가로획은 나중에 긋는다.

| 女 여자 녀 | 〈 夊 女 |
| 母 어미 모 | 〈 竹 竹 母 母 |

8. 글자 전체를 꿰뚫는 세로획은 나중에 쓴다.

| 車 수레 거 | 一 厂 厂 行 盲 亘 車 |
| 事 일 사 | 一 厂 厂 厂 弖 写 写 事 |

9. 책받침(辶, 廴)은 나중에 쓴다

| 近 원근 근 | 丿 厂 厂 斤 斤 䜣 近 |
| 建 세울 건 | 丆 ㄱ ㅋ ㅋ 圭 聿 聿 建 建 |

10. 오른쪽 위에 점이 있는 글자는 그 점을 나중에 찍는다.

| 犬 개 견 | 一 ナ 大 犬 |
| 成 이룰 성 | 丿 厂 厂 厅 成 成 成 |

가가호호
家家戶戶

한 집 한 집. 집집마다. 모든 집을 말해요.

이렇게 적용해요

태극기가 가가호호 휘날리고 있어요.

家					
집 가	⺀ 宀 宀 宀 宁 宇 宇 家 家				
家					
집 가	⺀ 宀 宀 宀 宁 宇 宇 家 家				
戶					
집 호	⺀ ⺀ ⺀ 戶				
戶					
집 호	⺀ ⺀ ⺀ 戶				

태극기가 가가호호 휘날리고 있어요.

각골난망
刻骨難忘

남에게 입은 은혜가 뼈에 새길 만큼 커서 잊히지 아니한다는 뜻이에요.

이렇게 적용해요

그동안 보살펴 주신 은혜는 실로 각골난망입니다.

刻					
새길 각	⺀ ⺀ 亥 亥 亥 亥 刻				
骨					
뼈 골	丨 冂 冂 冋 咼 骨 骨				
難					
어려울 난	一 廾 廾 莒 莒 莫 葟 蔰 歎 難 難				
忘					
잊을 망	⺀ 亠 忘 忘 忘				

그동안 보살펴 주신 은혜는 실로 각골난망입니다.

각주구검
刻舟求劍

융통성 없이 현실에 맞지 않는 낡은 생각을 고집하는 어리석음을 이르는 말이에요. 초나라 사람이 칼을 강물에 떨어뜨리자 뱃전에 그 자리를 표시했다가 배가 움직인 것을 생각하지 않고 칼을 찾았다는 데서 유래해요.

이렇게 적용해요
어리석고 융통성이 없는 게 꼭 각주구검이구나.

刻				
새길 **각**	一 亠 亥 亥 亥 刻 刻			
舟				
배 **주**	ノ 丿 力 月 月 舟			
求				
구할 **구**	一 十 寸 寸 才 求 求			
劍				
칼 **검**	ノ 人 今 合 命 僉 僉 劍			

어리석고 융통성이 없는 게 꼭 각주구검이구나.

감탄고토
甘吞苦吐

달면 삼키고 쓰면 뱉는다는 뜻으로, 자신의 비위에 따라서 사리의 옳고 그름을 판단함을 말해요.

이렇게 적용해요
친구들이 보이는 감탄고토의 자세에 실망이야.

甘				
달 **감**	一 十 卄 甘 甘			
吞				
삼킬 **탄**	一 二 千 天 天 吞 吞			
苦				
쓸 **고**	一 十 卄 艹 古 苦 苦 苦			
吐				
토할 **토**	丨 口 口 口- 마 吐			

친구들이 보이는 감탄고토의 자세에 실망이야.

★ 쉬어가기 – 재미있는 고사성어 유래

각주구검 (刻舟求劍)

刻 새길 각, 舟 배 주, 求 구할 구, 劍 칼 검

초나라에서 어떤 사람이 아주 귀한 칼 한 자루를 가지고 있었답니다. 어느 날, 그 칼을 지니고 한창 양자강을 건너던 도중에 무심코 몸을 돌리다 그만 실수로 칼을 강물에 빠뜨리고 말았어요.
"어이쿠, 이를 어떻게 해!"
그는 깜짝 놀라 급히 뱃전에 자국을 내어 표시했답니다.
"내 칼이 떨어진 곳은 바로 여기야. 조금 이따가 찾아야지."
배가 닿자 그는 자국을 새긴 뱃전 아래 물속으로 뛰어들어 칼을 찾았어요. 아무리 표시를 잘해 두었다 해도 배가 움직여 강기슭에 닿았는데 강물에 빠뜨린 칼을 다시 찾을 수는 없는 일이지요.
'각주구검(刻舟求劍)'은 칼을 떨어뜨린 뱃전에 표시한 뒤, 뒤늦게 찾는다는 말이에요. 이 이야기는 《여씨춘추》에 나온답니다.

갑남을녀
甲男乙女

甲(갑)이라는 남자와 乙(을)이라는 여자라는 뜻으로, 신분이나 이름이 알려지지 아니한 평범한 사람들을 이르는 말이에요.

이렇게 적용해요

나는 사람을 좋아하는 갑남을녀 중 하나요.

甲					
갑옷 **갑**	丨 冂 曰 日 甲				
男					
사내 **남**	丨 冂 冂 田 田 男 男				
乙					
새 **을**	乙				
女					
여자 **녀**	く 女 女				

나는 사람을 좋아하는 갑남을녀 중 하나요.

개과천선
改過遷善

지난날의 잘못이나 허물을 고쳐 올바르고 착하게 된다는 뜻이에요.

이렇게 적용해요

그 죄인은 사형을 면하고 개과천선의 기회를 얻었어.

改					
고칠 **개**	一 フ 己 己 九 改 改				
過					
지날 **과**	丨 冂 冂 冊 冎 咼 咼 過 過				
遷					
옮길 **천**	一 二 西 西 覀 覀 票 罨 罨 遷 遷				
善					
착할 **선**	﹀ 一 羊 羊 羊 善 善 善				

그 죄인은 사형을 면하고 개과천선의 기회를 얻었어.

거두절미

去頭截尾

머리와 꼬리를 잘라버린다는 뜻으로, 앞뒤를 생략하고 본론으로 들어가는 것을 뜻해요.

이렇게 적용해요

복잡한 사건들을 거두절미하고 이야기할게.

去 갈 거	一十土去去
頭 머리 두	一口豆豆頭頭頭
截 끊을 절	一十才查雀截截截
尾 꼬리 미	フラ尸尸尸尾尾

복잡한 사건들을 거두절미하고 이야기할게.

격물치지

格物致知

실제 사물의 이치를 연구하여 지식을 완전하게 함을 말해요.

이렇게 적용해요

조선 초기에는 격물치지를 존중하는 경험적 학풍이 지배적이었어.

格 격식 격	一十才才术格格格格
物 물건 물	丿 一 牛 牛 牛 物 物 物
致 이를 치	一工工至至至致致致
知 알 지	一 二 午 矢 矢 知 知 知

조선 초기에는 격물치지를 존중하는 경험적 학풍이 지배적이었어.

견마지로

犬馬之勞

개나 말의 하찮은 힘이라는 뜻으로, 윗사람에게 충성을 다하는 자신의 노력을 낮추어 이르는 말이에요.

이렇게 적용해요

민족을 위해서 견마지로의 충성을 다하겠습니다.

한자	쓰기
犬 개 견	一ナ大犬
馬 말 마	丨冂冂匡馬馬
之 갈 지	丶㇇之
勞 일할 로	丶丷ㅅ 灬 㶳 䘿 勞

민족을 위해서 견마지로의 충성을 다하겠습니다.

견물생심

見物生心

어떠한 실물을 보게 되면 그것을 가지고 싶은 욕심이 생긴다는 뜻이에요.

이렇게 적용해요

광고는 견물생심을 유도하기도 해.

한자	쓰기
見 볼 견	丨冂冂冃目貝見
物 물건 물	丿亠牛牜牞物物
生 날 생	丿㇀𠂉牛生
心 마음 심	丶心心心

광고는 견물생심을 유도하기도 해.

결초보은 (結草報恩)

'풀을 묶어서 은혜를 갚는다' 는 뜻으로, 죽은 뒤에라도 은혜를 잊지 않고 갚음을 이르는 말이에요.

이렇게 적용해요

이 은혜는 잊지 않고 언젠가 결초보은하겠습니다.

한자	훈음	필순
結	맺을 결	⺍ ⺌ 幺 糸 糸 紅 紝 結 結
草	풀 초	一 十 卄 廾 芦 苜 莒 草
報	갚을 보	一 十 土 井 井 赤 幸 幸 幸 郣 報 報
恩	은혜 은	冂 冂 冈 因 因 恩 恩

이 은혜는 잊지 않고 언젠가 결초보은하겠습니다.

계란유골 (鷄卵有骨)

달걀에도 뼈가 있다는 뜻으로, 운수가 나쁜 사람은 모처럼 좋은 기회를 만나도 역시 일이 잘 안됨을 이르는 말이에요.

이렇게 적용해요

계란유골이라더니 하는 일마다 번번하게 실패를 한다.

한자	훈음	필순
鷄	닭 계	⺍ 爫 爫 쥿 쥿 奚 奚 奚 鷄 鷄 鷄
卵	알 란	⺍ ⺊ ⺊ 卯 卯 卯 卵
有	있을 유	ノ 丆 ナ 冇 有 有
骨	뼈 골	丨 冂 冂 咼 咼 骨 骨

계란유골이라더니 하는 일마다 번번하게 실패를 한다.

★ 쉬어가기 – 재미있는 고사성어 유래

계륵(鷄肋)

鷄 닭 계, **肋** 갈빗대 륵(늑)

유비와 조조가 한중 지역을 놓고 전쟁을 벌일 때 일이랍니다. 두 세력의 싸움은 수개월 동안 이어졌어요. 식량이 바닥나고 사기도 떨어지자 조조군에서 도망치는 군사가 늘어났어요. 나아갈 수도 물러설 수도 없는 처지가 되었지요. 어느 날, 조조는 저녁 식사로 들인 닭국을 먹으면서도 마음속으로 진퇴를 놓고 고민에 휩싸였어요. 그때, 장수 하후돈이 들어와 물었답니다.
"오늘 밤 암호는 무엇으로 할까요?"
조조는 깊은 생각에 잠겨 있다 무심코 말했어요.
"계륵이라고 하시오, 계륵!"
하후돈은 장수들과 군사들에게 '계륵'이라고 암호를 전달했어요. 하지만 모두가 무슨 뜻인지 몰라 어리둥절해 할 때 행군주부 양수가 웃으며 말했어요.
"계륵이라면 닭갈비가 아니오? 닭갈비는 버리기 아까우나 먹을 것이 없소. 승상께서는 이 한중을 유비에게 내주기는 아깝지만 이득이 없으니 곧 철수할 생각으로 암호를 계륵이라 정하셨소. 다들 떠날 때 허둥대지 말고 미리 짐부터 꾸리시오."
양수의 말을 들은 군사들이 짐을 꾸리느라 진이 소란스러워졌답니다. 이 보고를 받은 조조는 소스라칠 듯이 놀라고 말았어요. 양수가 조조의 속마음을 환히 읽고 있었기 때문이지요. 조조는 '양수를 살려 두면 위험하다'고 생각했답니다. 그래서 양수는 군을 어지럽혔다는 죄로 목숨을 잃었는데 얼마 뒤, 조조는 철수 명령을 내리고 돌아갔답니다.
'계륵(鷄肋)'은 무엇을 취해도 이익은 없지만 버리기에는 아까운 것을 빗댈 때 흔히 쓰인답니다.

고진감래

苦盡甘來

쓴 것이 다하면 단 것이 온다는 뜻으로, 고생 끝에 즐거움이 옴을 이르는 말이에요.

이렇게 적용해요

고진감래라더니 이렇게 좋은 일도 있구나.

苦	쓸 고	一 十 卝 耂 艹 꾸 꾸 苦 苦
盡	다할 진	丁 ヨ 肀 聿 肃 肃 肅 盡
甘	달 감	一 十 卄 甘 甘
來	올 래	一 厂 厂 厸 夾 夾 來 來

고진감래라더니 이렇게 좋은 일도 있구나.

관포지교

管鮑之交

관중과 포숙의 사귐이란 뜻으로, 우정이 아주 돈독한 친구 관계를 이르는 말이에요.

이렇게 적용해요

'관포지교' 와 같은 우정을 나눌 수 있는 친구가 있으면 좋겠어.

管	대롱 관	丿 𠂉 𥫗 竺 笁 等 管 管
鮑	절인 물고기 포	丿 𠂉 ク 夕 夕 亀 备 魚 魚 魦 魦 鮑 鮑
之	갈 지	丶 ㇇ 之
交	사귈 교	亠 丶 亠 六 方 交

'관포지교' 와 같은 우정을 나눌 수 있는 친구가 있으면 좋겠어.

괄목상대
刮目相對

눈을 비비고 상대편을 본다는 뜻으로, 남의 학식이나 재주가 놀랄 만큼 부쩍 늚을 이르는 말이에요.

이렇게 적용해요

프로선수는 괄목상대의 기량을 과시하며 우승했어.

刮					
긁을 괄	ノ 二 千 千 舌 舌 刮 刮				
目					
눈 목	l 冂 刀 月 目				
相					
서로 상	一 十 才 木 材 相 相 相 相				
對					
대할 대	ㅣ ㅐ 业 业 對 對 對				

프로선수는 괄목상대의 기량을 과시하며 우승했어.

교언영색
巧言令色

남에게 잘 보이려고 그럴듯하게 꾸며 대는 말과 알랑거리는 태도를 말해요.

이렇게 적용해요

회장은 자신의 직선적인 말과 태도가 교언영색보다는 낫지 않으냐고 반문했어.

巧					
공교할 교	一 丁 工 巧 巧				
言					
말씀 언	` 一 二 亠 言 言 言				
令					
하여금 영	ノ 人 스 令 令				
色					
빛 색	ノ ク 夕 夕 色 色				

회장은 자신의 직선적인 말과 태도가 교언영색보다는 낫지 않으냐고 반문했어.

구사일생

九死一生

아홉 번 죽을 뻔하다 한 번 살아난다는 뜻으로, 죽을 고비를 여러 차례 넘기고 겨우 살아남을 이르는 말이에요.

이렇게 적용해요

구사일생으로 목숨을 건졌다고 기뻐했어.

한자	훈음	필순
九	아홉 구	ノ九
死	죽을 사	一ナ歹死死
一	한 일	一
生	날 생	ノ⺊⺍牛生

구사일생으로 목숨을 건졌다고 기뻐했어.

구우일모

九牛一毛

아홉 마리의 소 가운데 박힌 하나의 털이란 뜻으로, 매우 많은 것 가운데 극히 적은 수를 말해요.

이렇게 적용해요

그들이 저지른 행위는 구우일모에 지나지 않아.

한자	훈음	필순
九	아홉 구	ノ九
牛	소 우	ノ⺊⺍牛
一	한 일	一
毛	털 모	一⺀三毛

그들이 저지른 행위는 구우일모에 지나지 않아.

권선징악
勸善懲惡

착한 일을 권장하고 악한 일을 징계함을 뜻해요.

이렇게 적용해요

고대 소설의 주제는 권선징악이 대부분이야.

한자	훈음	필순
勸	권할 권	一 亠 艹 廿 䒑 萑 藿 藿 勸 勸
善	착할 선	䒑 亠 羊 羔 善 善 善
懲	징계할 징	彳 쑫 쑫 徵 徵 懲 懲
惡	악할 악	一 亞 亞 亞 亞 惡 惡

고대 소설의 주제는 권선징악이 대부분이야.

근묵자흑
近墨者黑

먹을 가까이하면 검어진다는 뜻으로, 나쁜 사람을 가까이하면 그 버릇에 물들기 쉽다는 뜻이에요.

이렇게 적용해요

부모님은 어렸을 적부터 근묵자흑이라며 좋은 친구들과 사귀어야 한다고 말씀하셨어.

한자	훈음	필순
近	가까울 근	丶 广 厂 斤 近 近
墨	먹 묵	口 四 甲 里 黑 黑 墨
者	놈 자	十 土 耂 者 者 者
黑	검을 흑	口 四 甲 里 黑 黑

부모님은 어렸을 적부터 근묵자흑이라며 좋은 친구들과 사귀어야 한다고 말씀하셨어.

★ 쉬어가기 – 재미있는 고사성어 유래

군계일학(群鷄一鶴)

群 무리 군, **鷄** 닭 계, **一** 하나 일, **鶴** 학 학

시대가 혼란스러우면 뜻있는 선비들이 어지러운 세상을 피해 산속으로 숨는 경우가 많았어요. 중국 위진시대에도 그런 인물들이 있었는데, 죽림칠현(중국 진나라 초기에 노자와 장자의 무위 사상을 숭상하여 죽림에 모여 청담으로 세월을 보낸 일곱 명의 선비. 곧 산도, 왕융, 유영, 완적, 완함, 혜강, 상수를 말해요.)이 대표적이에요. 이들은 세상을 벗어나 시를 읊고 음악을 즐기며 세월을 보냈답니다.

죽림칠현의 한 사람인 '혜강'은 특히 문학 재능이 뛰어났어요. 그는 끝까지 세상에 나오기를 거부하다가 미움을 사 죽임을 당했답니다. 당시 그에게는 열 살배기 아들 혜소가 있었어요. 훗날, 혜소가 자라나 아버지를 닮아 갔어요. 이때, 죽림칠현의 한 사람으로 벼슬살이를 하던 산도가 진나라 무제 사마염에게 혜소를 추천했어요.

"《서경》에 이르기를 '아버지의 죄는 아들에게 묻지 않는다.'라고 했습니다. 아비 혜강이 처형당했지만 그 일은 아들 혜소와 아무 상관이 없습니다. 혜소가 가진 재능이 뛰어나니 그를 비서랑에 임명하십시오."

무제가 매우 밝은 얼굴로 대답했답니다.

"그대가 말하는 사람이라면 비서랑으로 되겠소? 더 높은 벼슬에 앉혀야겠소."

혜소가 무제에게 부름을 받아 가던 날, 그를 지켜보던 어떤 사람이 왕융에게 말했답니다.

"어제 구름처럼 많은 사람 틈에서 혜소를 처음 보았습니다. 의젓하고 늠름한 모습이 마치 학이 닭 무리에 있는 듯했습니다."

그러자 그의 아버지 혜강을 잘 알던 죽림칠현 왕융이 말했어요.

"혜소의 아버지인 혜강을 본 적이 있소? 혜강은 혜소보다 뛰어났소."

'군계일학(群鷄一鶴)'은 닭 무리에 끼어 있는 한 마리 학처럼 '여러 평범한 사람들 가운데 유난히 돋보이는 사람'을 이르는 말이에요.

금상첨화
錦上添花

비단 위에 꽃을 더한다는 뜻으로, 좋은 일에 또 좋은 일이 더하여짐을 이르는 말이에요.

이렇게 적용해요

성격도 좋고 얼굴까지 잘생겼다니 금상첨화야.

錦	비단 금	𠂉 𠂉 𠂉 金 金 金 釒 釒 鈤 錦 錦
上	윗 상	丨 卜 上
添	더할 첨	丶 冫 汗 沃 添 添 添
花	꽃 화	一 十 艹 艹 花 花 花

성격도 좋고 얼굴까지 잘생겼다니 금상첨화야.

금의환향
錦衣還鄕

비단옷 입고 고향에 돌아온다는 뜻으로, 출세하여 고향에 돌아옴을 이르는 말.

이렇게 적용해요

부모는 자녀의 금의환향을 꿈꾸는 법이지.

錦	비단 금	𠂉 𠂉 𠂉 金 金 金 釒 釒 鈤 錦 錦
衣	옷 의	丶 亠 ナ 才 衤 衣
還	돌아올 환	口 罒 罒 罒 睘 睘 還 還
鄕	시골 향	丿 幺 乡 乡 乡 郷 郷 郷 鄕 鄕

부모는 자녀의 금의환향을 꿈꾸는 법이지.

난형난제

難兄難弟

누구를 형이라 아우라 하기 어렵다는 뜻으로, 누가 더 낫다고 할 수 없을 정도로 비슷함을 뜻해요.

이렇게 적용해요

결승전에서 만난 두 선수는 난형난제라 결과를 점치기 어려워.

難										
어려울 난	一	廿	廿	븐	莒	莫	剪	歎	歎	難
兄										
형 형	丨	口	口	尸	兄					
難										
어려울 난	一	廿	廿	븐	莒	莫	剪	歎	歎	難
弟										
아우 제	丶	丷	꾸	쓰	兰	弟	弟			

결승전에서 만난 두 선수는 난형난제라 결과를 점치기 어려워.

남가일몽

南柯一夢

남쪽으로 뻗은 나뭇가지 아래의 꿈이라는 뜻으로, 덧없는 꿈이나 부귀영화를 이르는 말이에요.

이렇게 적용해요

왕이 되어 나라를 다스리는 게 남가일몽이었어.

南										
남녘 남	一	十	屮	冇	肉	南	南	南		
柯										
가지 가	一	十	才	木	木	杧	柯	柯	柯	
一										
한 일	一									
夢										
꿈 몽	一	艹	节	苪	莔	荁	莽	夢	夢	夢

왕이 되어 나라를 다스리는 게 남가일몽이었어.

낭중지추

囊中之錐

주머니 속의 송곳이라는 뜻으로, 재능이 뛰어난 사람은 숨어 있어도 저절로 사람들에게 알려짐을 이르는 말이에요.

이렇게 적용해요

낭중지추가 한꺼번에 떠오른다.

囊						
주머니 낭	ー丷宀冊冊冉冉嗇嗇壹壹橐橐囊囊					
中						
가운데 중	丨口口中					
之						
갈 지	丶㇀之					
錐						
송곳 추	ノ𠂉𠂉𠂉金金釗釗鉗錐錐錐					

낭중지추가 한꺼번에 떠오른다.

녹의홍상

綠衣紅裳

연두저고리와 다홍치마, 곱게 차려입은 젊은 여자의 옷차림을 이르는 말이에요.

이렇게 적용해요

신부가 녹의홍상으로 단장을 했구나.

綠						
푸를 녹	乙幺彳糸糸'糸ㄣ糸ㄅ糸彐綠綠					
衣						
옷 의	丶一ナ亣亣衣					
紅						
붉을 홍	乙幺彳糸糸一紅紅					
裳						
치마 상	丨丷丷ˇ丷丷尚尚堂堂堂裳裳					

신부가 녹의홍상으로 단장을 했구나.

농와지경

弄瓦之慶

딸을 낳은 즐거움. 중국에서 딸을 낳으면 흙으로 만든 실패를 장난감으로 주었던 데서 유래해요.

이렇게 적용해요

할아버지는 농와지경의 기쁨을 웃음으로 표현했어요.

弄					
희롱할 **농**	一 二 千 玉 王 丢 弄				
瓦					
기와 **와**	一 丆 丆 瓦 瓦				
之					
갈 **지**	丶 亠 之				
慶					
경사 **경**	丶 亠 广 广 产 庐 声 庐 廖 廖 慶				

할아버지는 농와지경의 기쁨을 웃음으로 표현했어요.

농장지경

弄璋之慶

아들을 낳은 즐거움. 중국에서 아들을 낳으면 구슬의 덕을 본받으라는 뜻으로 구슬을 장난감으로 주었다는 데서 유래해요.

이렇게 적용해요

할아버지는 농장지경의 기쁨을 웃음으로 표현했어요.

弄					
희롱할 **농**	一 二 千 玉 王 丢 弄				
璋					
홀 **장**	一 二 千 王 王 王 圹 玙 珀 琲 瑄 璋				
之					
갈 **지**	丶 亠 之				
慶					
경사 **경**	丶 亠 广 广 产 庐 声 庐 廖 廖 慶				

할아버지는 농장지경의 기쁨을 웃음으로 표현했어요.

★ 쉬어가기 – 재미있는 고사성어 유래

난형난제 (難兄難弟)

難 어려울 난, 兄 형 형, 難 어려울 난, 弟 아우 제

후한 말기에 '진식'이라는 사람이 있었어요. 진식은 '양상군자'라는 고사성어를 만들어 낸 사람으로 어질고 덕이 높았답니다. 그에게는 진기와 진심이라는 두 아들이 있었어요. 두 아들 역시 아버지를 닮아 학문이 깊고 영특했어요.

이 두 아들이 결혼해서 또 아들을 두었는데 진기의 아들은 진군이고 진심의 아들은 진충이었어요. 하루는 진군과 진충이 서로 자기 아버지가 더 학문이 깊고 훌륭하다며 입씨름을 벌였답니다.

"우리 아버지는 뛰어난 분이야. 모르는 게 없고 글재주도 보통이 아니거든."

"무슨 소리! 우리 아버지가 더 뛰어나.《사서삼경》도 줄줄 외우시고 덕이 높아 사람들이 모두 존경하고 있지."

둘은 이렇게 한참 동안이나 티격태격 다투었어요. 하지만 시간이 흘러도 도무지 결판이 나지 않았어요.

"좋아. 그럼 할아버지에게 가서 여쭤 보자!"

할아버지라면 어느 한쪽을 편들지 않고 공평하게 말해 주리라 생각했던 둘은 진식을 찾아갔답니다. 헐레벌떡 달려오는 두 손자를 보고 진식이 물었어요.

"아니, 너희들이 어쩐 일이냐?"

둘은 그동안 입씨름한 내용을 진식에게 말했답니다.

진식은 몹시 난처했어요. 손자들 앞에서 진군의 아버지나, 진충의 아버지가 낫다고 할 수 없기 때문이었지요.
진식은 잠시 생각하다가 이렇게 말했어요.
"형이라 하기도 어렵고 아우라 하기도 어렵구나!"
이 말은 형이 나은지 동생이 나은지 잘라 말하기가 어렵다는 뜻이에요. 진식은 둘 가운데 누가 더 나은지 알고 있었지만 손자들에게 한쪽이 더 낫다고 말하면 그렇지 않은 쪽이 크게 상처를 받을 게 틀림없었답니다. 그래서 굳이 어느 쪽이 낫다고 말하지 않았던 거예요.
'난형난제(難兄難弟)'는 '형이라 하기도 어렵고 아우라고 하기도 어렵다'라는 뜻으로 둘 가운데 우열을 가리기 어려울 때 쓰는 말이랍니다. 비슷한 말로 '막상막하(莫上莫下)'가 있어요.

단순호치

丹脣皓齒

붉은 입술과 하얀 치아라는 뜻으로, 아름다운 여자를 이르는 말이에요.

이렇게 적용해요

단순호치는 빼어난 미인을 말해요.

丹				
붉을 단	ノ 刀 月 丹			
脣				
입술 순	一 厂 厂 厉 辰 辰 脣 脣 脣			
皓				
흴 호	´ 亠 亠 白 白 白 皓 皓 皓			
齒				
이 치	丨 ト 止 止 齒 齒 齒 齒			

단순호치는 빼어난 미인을 말해요.

대기만성

大器晚成

큰 그릇을 만드는 데는 시간이 오래 걸린다는 뜻으로, 크게 될 사람은 늦게 이루어짐을 이르는 말이에요.

이렇게 적용해요

고생 끝에 낙이 온다고 넌 분명 대기만성할 거야.

大				
큰, 클 대	一 ナ 大			
器				
그릇 기	` 口 吅 吅 哭 哭 器			
晚				
늦을 만	丨 冂 日 日' 旷 眈 眈 晚 晚			
成				
이룰 성	ノ 厂 厇 成 成 成			

고생 끝에 낙이 온다고 넌 분명 대기만성할 거야.

대서특필
大書特筆

특별히 두드러지게 보이도록 글자를 크게 쓴다는 뜻으로, 신문 따위의 출판물에서 어떤 기사에 큰 비중을 두어 다룸을 이르는 말이에요.

이렇게 적용해요

갱도에서 열흘 만에 구조된 광부의 이야기가 각 신문에 대서특필되었어.

大	大				
큰, 클 대	一 ナ 大				
書	書				
글 서	フ フ ヲ ヨ 書 書 書 書				
特	特				
특별할 특	ノ 广 牛 牛 牛 牜 牜 特 特 特				
筆	筆				
붓 필	ノ ト ト ケ 竹 笁 笁 笁 筆 筆				

갱도에서 열흘 만에 구조된 광부의 이야기가 각 신문에 대서특필되었어.

동문서답
東問西答

동쪽을 묻는 데 서쪽을 대답한다는 뜻으로, 물음과는 전혀 상관없는 엉뚱한 대답을 말해요.

이렇게 적용해요

동문서답도 유분수지, 너 지금 도대체 무슨 말을 하는 거니?

東	東				
동녘 동	一 厂 户 百 百 申 東				
問	問				
물을 문	l 尸 尸 門 門 問 問				
西	西				
서녘 서	一 厂 厅 两 西 西				
答	答				
대답 답	ノ ト 竹 笒 笒 答 答				

동문서답도 유분수지, 너 지금 도대체 무슨 말을 하는 거니?

동병상련 同病相憐

같은 병을 앓는 사람끼리 서로 가엾게 여긴다는 뜻으로, 어려운 처지에 있는 사람끼리 서로 동정하고 도움을 이르는 말이에요.

이렇게 적용해요

나는 그 아이에게서 동병상련을 느꼈어.

한자	훈음	필순
同	한가지 동	ㅣ 冂 冂 同 同
病	병 병	亠 广 广 疒 病 病 病
相	서로 상	一 十 十 木 朾 相 相 相 相
憐	불쌍히 여길 련, 이웃 린	丶 忄 忄 忏 怜 怜 怜 憐 憐

나는 그 아이에게서 동병상련을 느꼈어.

동분서주 東奔西走

동쪽으로 뛰고 서쪽으로 뛴다는 뜻으로, 사방으로 이리저리 바삐 돌아다님을 말해요.

이렇게 적용해요

실험 결과를 얻기 위해 동분서주하고 있어.

한자	훈음	필순
東	동녘 동	一 г 行 市 車 東
奔	달릴 분	一 ナ 大 太 本 夲 李 奔
西	서녘 서	一 г 行 丙 西 西
走	달릴 주	十 土 卡 丰 走 走

실험 결과를 얻기 위해 동분서주하고 있어.

★ 쉬어가기 – 재미있는 고사성어 유래

다다익선 (多多益善)

多 많을 다, 多 많을 다, 益 더할 익, 善 착할 선

한신이 하루아침에 대장군이 된 것은 순전히 승상 소하 덕분이에요. 두 사람은 묘한 인연을 가지고 있었어요. 한신은 항우 밑에서 자기 뜻을 펼 수 없자 우울한 날을 보냈답니다. 결국 항우 곁을 떠나 유방에게 갔으나 특별하게 대접받지 못했어요.

유방에게도 실망한 한신은 어느 날 밤, 도망쳐 버리고 말았답니다. 그 소식을 들은 승상 소하는 모든 일을 팽개친 채 그를 뒤쫓아 갔어요. 다른 사람은 몰라도 소하만은 한신이 지략과 용맹을 갖춘 뛰어난 인물임을 꿰뚫어 보고 있었던 거예요.

유방은 사라진 소하에게서 여러 날이 지나도록 소식이 없자 몹시 초조했어요. 유방은 가장 믿는 신하 소하가 말도 없이 사라지자 정말 자신을 떠나 버렸는지 의심을 품고 있었던 거지요. 며칠 뒤, 소하가 한신을 데리고 유방에게 돌아왔어요.

"도대체 어디에 무엇 하러 갔다가 이제 오시오?"

"한신이 떠나 버렸다는 이야기를 듣고 너무 급해 미처 보고할 틈도 없었사옵니다. 간신히 그를 쫓아가 데려왔지요."

유방은 이 말을 듣고 불같이 화를 냈어요.

"이제까지 도망간 장수는 많았지만 그대는 한 번도 쫓아간 일이 없었소. 어째서 한신 따위 병졸을 쫓아가 붙잡았단 말이오?"

그러자 소하가 고개를 저으며 말했어요.

"다른 장수들이야 어디서에든 얻을 수 있습니다. 그러나 천하를 다 뒤져 봐도 한신 같은 인재는 없습니다. 그저 왕에 만족하신다면 한신이 필요치 않지만 천하를 얻으려 하신다면 기필코 그가 필요합니다."

소하의 말에 따라 유방은 한신을 대장군에 임명했어요. 별로 이름도 없던 사람이 대장군이 되자 여러 장수들은 깜짝 놀랄 수밖에 없었지요. 대장군 자리에 오른 한신은 유방을 도와 천하 통일을 이루었답니다.

어느 날, 유방이 한신과 함께 여러 장수가 가진 능력을 이야기했어요. '누가 군사 몇 만 명을 지휘할 실력을 갖춘 장수일까, 또 어느 정도 군사를 거느릴 수 있을까?'를 말하다 넌지시 이렇게 물었답니다.
"나는 얼마만한 군사를 거느릴 수 있겠소?"
"폐하는 10만쯤 거느릴 수 있는 장수에 불과합니다."
유방이 불쾌한 표정을 지으며 다시 물었답니다.
"그럼, 그대는 어느 정도 군대를 거느릴 수 있겠소?"
"저야 다다익선이지요. 많으면 많을수록 좋다는 말입니다."
"다다익선이라면서 어쩌다 내게 묶였단 말인가?"
"폐하는 군사를 거느리는 데는 능하지 못하지만 장수를 거느리는 데는 훌륭하십니다. 이것이 바로 신이 폐하에게 묶인 까닭입니다. 폐하는 이른바 하늘이 주신 것이지, 사람의 일은 아닙니다."
군사의 통솔 능력을 말하면서 만들어진 '다다익선'이라는 말은 오늘날 다방면에서 많을수록 좋다는 뜻으로 두루 쓰이고 있으며 '다다익판(多多益辦)'과 같은 의미랍니다.

동상이몽
同床異夢

같은 자리에 자면서 다른 꿈을 꾼다는 뜻으로, 겉으로는 같이 행동하면서 속으로는 각각 딴생각을 하고 있음을 이르는 말이에요.

이렇게 적용해요
저들은 각자 꿍꿍이속들이 있어 서로 동상이몽을 하곤 해.

同	同				
한가지 동	｜ 冂 冂 同 同				
床	床				
평상 상	｀ 亠 广 庐 床 床				
異	異				
다를 이	｀ 口 田 罒 甼 畢 異				
夢	夢				
꿈 몽	｀ 艹 节 芇 荁 莕 夢 夢 夢				

저들은 각자 꿍꿍이속들이 있어 서로 동상이몽을 하곤 해.

등고자비
登高自卑

높은 곳에 오르려면 낮은 곳에서부터 오른다는 뜻으로, 일을 순서대로 하여야 함을 이르는 말이에요.

이렇게 적용해요
넌 등고자비라는 말도 듣지 못했니?

登	登				
오를 등	｀ 丿 ⺈ 癶 癶 癶 登 登 登				
高	高				
높을 고	｀ 亠 古 亯 高 高				
自	自				
스스로 자	｀ 丿 自 自 自 自				
卑	卑				
낮을 비	｀ 丿 白 白 白 臾 卑 卑				

넌 등고자비라는 말도 듣지 못했니?

등하불명

燈下不明

등잔 밑이 어둡다는 뜻으로, 가까이에 있는 물건이나 사람을 잘 찾지 못함을 이르는 말이에요.

이렇게 적용해요

등하불명이라더니 내게 닥친 일이 바로 그 꼴이구나.

燈	燈				
등 **등**	`⸰ ⸰ 火 炒 炒 炒 燈 燈 燈 燈`				
下	下				
아래 **하**	`一 丁 下`				
不	不				
아닐 **불**	`一 丆 不 不`				
明	明				
밝을 **명**	``				

등하불명이라더니 내게 닥친 일이 바로 그 꼴이구나.

등화가친

燈火可親

등불을 가까이할 만하다는 뜻으로, 서늘한 가을밤은 등불을 가까이하여 글 읽기에 좋다는 뜻이에요.

이렇게 적용해요

가을은 등화가친의 계절이야.

燈	燈				
등 **등**	`⸰ ⸰ 火 炒 炒 炒 燈 燈 燈 燈`				
火	火				
불 **화**	`⸰ ⸰ ⸯ 火`				
可	可				
옳을 **가**	`一 丆 丆 可 可`				
親	親				
친할 **친**	``				

가을은 등화가친의 계절이야.

★ 쉬어가기 – 재미있는 고사성어 유래

등용문(登龍門)

登 오를 등, 龍 용 용(룡), 門 문 문

후한 말 환제 때에는 환관이 권세를 좌지우지하여 그 횡포가 말할 수 없이 심했다고 해요. 이러한 환관들에게 저항하는 정의파 관료 중 지도자격으로 이응이라는 사람이 있었지요. 이응은 혼탁한 궁정 안에 있으면서 항시 몸가짐이 고결했기 때문에 세상 사람들은 "천하의 모범은 이원례(이응의 자)"라며 칭송했답니다. 특히 젊은 관료들은 이응을 경모하여 그의 추천을 받은 것을 최고의 명예로 알고 등용문이라 일컬었어요.

중국 황하강 상류에 '용문'이라는 큰 폭포가 있다고 해요. 이른 봄, 강물이 불어나면 늙은 잉어들이 모여 이 폭포를 뛰어오른답니다. 그런데 계곡이 험하고 가파르며 물살도 거칠고 빨라서 큰 물고기도 오르기가 무척 어렵지요. 하지만 거센 물살을 거슬러 폭포를 오르면 용이 된다는 전설이 있어요. 용이 되면 신비의 구슬 여의주를 얻어 하늘로 승천하지요.

'등용문'은 여기에서 비롯되었답니다. 잉어가 용문 폭포를 뛰어올라 용이 되듯, 힘든 관문을 통과한다는 뜻이지요. 예로부터 출세의 디딤돌로 많이 사용했던 말이 바로 등용문이랍니다.

마이동풍
馬耳東風

동풍이 말의 귀를 스쳐 간다는 뜻으로, 남의 말을 귀담아듣지 아니하고 지나쳐 흘려버림을 이르는 말이에요.

이렇게 적용해요

그에게는 나의 충고가 마이동풍이었어.

馬						
말 마	丨丆FF馬馬					
耳						
귀 이	一丆FF王耳					
東						
동녘 동	一丆丆币車東					
風						
바람 풍	丿几凡凨凨風風					

그에게는 나의 충고가 마이동풍이었어.

막상막하
莫上莫下

더 낫고 더 못함의 차이가 거의 없음을 말해요.

이렇게 적용해요

너희들은 막상막하의 실력이야.

莫						
없을 막	一十十士艹꺅꺅莒莫莫					
上						
윗 상	丨卜上					
莫						
없을 막	一十十士艹꺅꺅莒莫莫					
下						
아래 하	一丅下					

너희들은 막상막하의 실력이야.

만경창파

萬頃蒼波

만 이랑의 푸른 물결이라는 뜻으로, 한없이 넓고 넓은 바다를 이르는 말이에요.

이렇게 적용해요

만경창파에 두둥실 뜬 배가 아름답구나.

萬					
일만 만	一 十 艹 廿 萬 萬 萬 萬				
頃					
이랑, 잠깐 경	一 七 比 竹 頃 頃 頃				
蒼					
푸를 창	一 艹 艹 艹 苓 苍 蒼 蒼				
波					
물결 파	丶 氵 氵 氵 沪 波 波				

만경창파에 두둥실 뜬 배가 아름답구나.

명경지수

明鏡止水

맑은 거울과 고요한 물처럼 잡념과 허욕이 없는 깨끗한 마음을 비유적으로 이르는 말이에요.

이렇게 적용해요

해 질 녘의 바람 한 점 없는 호수는 명경지수처럼 잔잔했다.

明					
밝을 명	丨 冂 日 旫 明 明 明				
鏡					
거울 경	丿 𠂉 𠂉 𠂉 金 金 釒 鋅 鋅 鏡 鏡				
止					
그칠 지	丨 卜 止 止				
水					
물 수	丨 刁 水 水				

해 질 녘의 바람 한 점 없는 호수는 명경지수처럼 잔잔했다.

명실상부
名實相符

이름과 실상이 서로 들어맞음. 알려진 것과 실제의 상황이나 능력에 차이가 없음을 말해요.

이렇게 적용해요

공천 심사 위원회가 명실상부한 공천권을 행사했어.

名	이름 명	ノクタタ名名
實	열매 실	丶宀宀宁宇宙寶寶寶寶實
相	서로 상	一十才木朩相相相相
符	부호 부	ノ 人 ⺈ 𥫗 𥫗 𥫗 𥫗 符 符

공천 심사 위원회가 명실상부한 공천권을 행사했어.

명약관화
明若觀火

불을 보는 것 같이 밝게 보인다는 뜻으로, 더 말할 나위 없이 명백함을 말해요.

이렇게 적용해요

너는 돌아가면 잡힐 것이 명약관화한데도 가겠다고 하는 거니?

明	밝을 명	冂 日 日 刖 明 明 明
若	같을 약	一 十 卄 艹 艹 艼 若 若
觀	볼 관	一 十 卄 ⺾ 艹 萑 萑 萑 雚 雚 觀 觀
火	불 화	丶 丷 少 火

너는 돌아가면 잡힐 것이 명약관화한데도 가겠다고 하는 거니?

목불식정

目不識丁

아주 간단한 글자인 '丁' 자를 보고도 그것이 '고무래'인 줄을 알지 못한다는 뜻으로, 아주 까막눈임을 이르는 말이에요.

이렇게 적용해요

우리는 목불식정을 면하였을 따름이야.

目 눈목	目	ㅣㄇㄇ目目			
不 아닐 불	不	一ㄱ不不			
識 알 식	識	亠言言言言言言語語識識識			
丁 고무래 정	丁	一丁			

우리는 목불식정을 면하였을 따름이야.

목불인견

目不忍見

눈앞에 벌어진 상황 따위를 눈 뜨고는 차마 볼 수 없음을 말해요.

이렇게 적용해요

대성통곡하는 모습은 참으로 목불인견이었어.

目 눈목	目	ㅣㄇㄇ目目			
不 아닐 불	不	一ㄱ不不			
忍 참을 인	忍	ㄱㄲ刃忍忍忍			
見 볼 견	見	ㅣㄇㄇ目貝見			

대성통곡하는 모습은 참으로 목불인견이었어.

문방사우

文房四友

서재(書齋)에 꼭 있어야 할 네 벗, 즉 종이, 붓, 벼루, 먹을 말해요.

이렇게 적용해요

옛 선비들은 늘 문방사우를 곁에 두고 생활했어.

文				
글월 문	`丶一ナ文`			

房				
방 방	`丶丶ㄱ户户户房房`			

四				
넉 사	`丨冂冂四四`			

友				
벗 우	`一ナ方友`			

옛 선비들은 늘 문방사우를 곁에 두고 생활했어.

문전성시

門前成市

찾아오는 사람이 많아 집 문 앞이 시장을 이루다시피 함을 이르는 말이에요.

이렇게 적용해요

새신랑을 구경 오는 사람들로 하루 종일 문전성시를 이루었어.

門				
문 문	`丨ㄇㄇ門門`			

前				
앞 전	`丶丷艹肖前前`			

成				
이룰 성	`丿厂厂成成成`			

市				
저자 시	`丶一亠市市`			

새신랑을 구경 오는 사람들로 하루 종일 문전성시를 이루었어.

★ 쉬어가기 – 재미있는 고사성어 유래

문전성시 (門前成市)

門 문 문, 前 앞 전, 成 이룰 성, 市 저자 시

한나라 말기, 젊은 나이에 애제가 황제 자리에 오르자 조정 실권은 외척들에게 넘어갔어요. 황후의 가문 사람들이었던 외척들 사이에서도 다툼이 생겨 나라가 어지러워지자 이를 보다 못한 '정숭'이 애제에게 간절히 말했답니다.

"폐하, 지금 백성들 삶이 어렵습니다. 외척들을 물리치고 나라 질서를 바로잡으셔야 합니다. 그렇지 않으면 나라가 흔들릴 수 있습니다."

그의 충성심을 아는 터라 애제도 처음에는 그 말에 귀를 기울였답니다. 하지만 시간이 지나자 정치를 팽개친 채, 놀기 바빴어요. 정숭이 다시 간절히 말했지만 애제는 더 이상 들으려 하지 않다가 이내 짜증을 냈답니다.

"그대는 틈만 나면 내게 잔소리를 하는군. 듣기 싫으니 물러가시오!'

애제의 말과 행동에 병을 얻은 정숭은 벼슬을 내려놓고 물러나려 했지만 나라가 걱정스러워 참고 있었어요. 이때, '조창'이라는 벼슬아치가 있었답니다. 아첨을 일삼고 남을 고자질하던 그는 전부터 올곧은 성품의 정숭을 꺼림칙하게 여겼어요. 애제가 정숭을 귀찮게 여기자 조창은 크게 기뻐했답니다.

'좋은 기회야! 황제께서 정숭을 멀리하시니 이 틈에 없애 버려야겠어. 그동안 눈엣가시 같은 이였는데 잘됐군!'

그리고 조창은 황제에게 정숭을 모함하는 말을 올렸어요.

"폐하, 정숭이 황실 여러 사람과 은밀하게 내통하고 있습니다. 그의 집 앞이 사람들로 붐빈다 하니 폐하께 불만을 품고 무슨 음모를 꾸미는지 참으로 의심스럽습니다. 미리 막지 않으면 역모가 일어날지 모릅니다."

애제는 이 말을 곧이듣고 정승을 불러들였어요.
"듣자 하니 그대 집 문 앞은 장터처럼 사람들로 붐빈다던데 어찌 된 일이오?"
"신의 집 문 앞은 장터와 같사오나 신의 마음은 맑은 물과 같사옵니다. 이를 깊이 헤아려 주시옵소서."
정승은 자기 마음이 다른 뜻 없이 물처럼 깨끗하다고 말했으나 애제는 그를 감옥에 가두고 말았어요. 다른 관리가 정승은 죄가 없다고 감쌌지만 듣지 않았지요. 결국 정승은 옥에 갇혀 죽고 말았답니다.
 '문전성시(門前成市)'는 권세를 드날리거나 부자가 되자, "찾아오는 손님들로 집 앞이 시장을 이룬 듯하다."라는 뜻이에요. 본디 "아첨꾼이 문 앞에 북적인다."라는 뜻이 강하지만 지금은 찾아오는 사람이 많음을 빗대어 이르는 말로 주로 쓰인답니다. 예를 들면 "그 가게는 장사가 잘돼 손님들로 문전성시를 이룬다."고 말할 수 있어요.

박장대소
拍掌大笑

손뼉을 치며 크게 웃음을 뜻해요.

이렇게 적용해요

사회자의 재치 있는 말에 방청석에서 박장대소가 터졌어.

拍					
칠 박	一 亻 扌 扌' 扩 拍 拍 拍				
掌					
손바닥 장	丶 ⺌ 产 ⺌ 堂 堂 堂 掌				
大					
큰, 클 대	一 ナ 大				
笑					
웃음 소	丿 ㇒ ⺮ 竹 竺 竺 笑 笑				

사회자의 재치 있는 말에 방청석에서 박장대소가 터졌어.

발본색원
拔本塞源

좋지 않은 일의 근본 원인이 되는 요소를 완전히 없애 버려서 다시는 그러한 일이 생길 수 없도록 함을 말해요.

이렇게 적용해요

부정행위는 발본색원해야 해.

拔					
뽑을 발	一 亻 扌 扌 扩 扙 拔 拔				
本					
근본 본	一 十 才 木 本				
塞					
막힐, 변방 색	丶 宀 宁 宙 宲 寒 寒 塞				
源					
근원 원	丶 氵 汀 沪 沪 源 源				

부정행위는 발본색원해야 해.

배은망덕

背恩忘德

남에게 입은 은덕을 저버리고 배신하는 태도가 있음을 말해요.

이렇게 적용해요

배은망덕도 유분수지. 네가 어찌 나한테 그런 짓을 할 수 있단 말이냐?

背	背				
등, 배반할 배	一 ㅓ ㅓ ㅓ 北 背 背 背				
恩	恩				
은혜 은	丿 冂 闩 用 因 因 恩 恩				
忘	忘				
잊을 망	丶 亠 忘 忘 忘				
德	德				
덕 덕	彳 彳 彳 彳 德 德 德 德				

배은망덕도 유분수지. 네가 어찌 나한테 그런 짓을 할 수 있단 말이냐?

백골난망

白骨難忘

죽어서 백골이 되어도 잊을 수 없다는 뜻으로, 남에게 큰 은덕을 입었을 때 고마움의 뜻으로 이르는 말이에요.

이렇게 적용해요

보살펴 주신 은혜가 백골난망입니다.

白	白				
흰 백	丿 亻 白 白 白				
骨	骨				
뼈 골	丨 冂 冂 凡 骨 骨 骨				
難	難				
어려울 난	一 ㅗ ㅗ 昔 莒 堇 荳 荳 難 難 難				
忘	忘				
잊을 망	丶 亠 忘 忘 忘				

보살펴 주신 은혜가 백골난망입니다.

백절불굴
百折不屈

어떠한 난관에도 결코 굽히지 않음을 말해요.

이렇게 적용해요

백절불굴의 강인한 정신력이 필요해.

百	百				
일백 백	一丆丆百百百				
折	折				
꺾을 절	一亅扌扌扌折折				
不	不				
아닐 불	一丆不不				
屈	屈				
굽힐 굴	ㄱㄱ尸尸屈屈屈				

백절불굴의 강인한 정신력이 필요해.

백중지세
伯仲之勢

서로 우열을 가리기 힘든 형세를 말해요.

이렇게 적용해요

두 여인의 아름다움은 실로 백중지세였어.

伯	伯				
맏 백	ノ亻亻佃伯伯伯				
仲	仲				
버금 중	ノ亻亻忡忡仲				
之	之				
갈 지	丶亠之				
勢	勢				
형세 세	一十土土幸 坴 執 執 埶 勢 勢				

두 여인의 아름다움은 실로 백중지세였어.

부창부수

夫唱婦隨

남편이 주장하고 아내가 이에 잘 따름의 뜻으로, 부부 사이의 화합하는 도리를 비유적으로 이르는 말이에요.

이렇게 적용해요

부창부수라더니 아름다운 부부의 모습이구나.

夫					
지아비 부	一 二 夫 夫				
唱					
부를 창	丨 口 吅 咟 唱 唱 唱				
婦					
며느리 부	ㄑ ㄨ 女 女' 女⁼ 女ᵊ 婦 婦 婦				
隨					
따를 수	ㄕ ㄕ' 阝² 阵 陌 隋 隋 隨 隨				

부창부수라더니 아름다운 부부의 모습이구나.

부화뇌동

附和雷同

우레 소리에 맞춰 함께한다는 뜻으로, 줏대 없이 남의 의견에 따라 움직임을 말해요.

이렇게 적용해요

남이 무어라고 해도 쉽사리 부화뇌동하지 마세요.

附					
붙을 부	ㄅ ㄅ' 阝 阝' 阝ᵗ 附 附				
和					
화할 화	一 二 千 禾 禾 和 和				
雷					
우레 뇌	一 厂 乛 币 雨 雪 雷 雷 雷 雷				
同					
한가지 동	丨 冂 冂 同 同				

남이 무어라고 해도 쉽사리 부화뇌동하지 마세요.

분골쇄신

粉骨碎身

뼈를 가루로 만들고 몸을 부순다는 뜻으로, 정성으로 노력함을 이르는 말이에요.

이렇게 적용해요

분골쇄신이 되더라도 조국을 위해 목숨을 바치겠습니다.

粉	粉				
가루 분	`丶丶丷丷半米米米粉粉`				
骨	骨				
뼈 골	`丨冂冃冎冎骨骨`				
碎	碎				
부술 쇄	`一丆石石石矽矽碎碎`				
身	身				
몸 신	`丿丶冂甪甪身身`				

분골쇄신이 되더라도 조국을 위해 목숨을 바치겠습니다.

불문곡직

不問曲直

옳고 그름을 따지지 아니한다는 뜻이에요.

이렇게 적용해요

죄 없는 그들을 불문곡직 잡아다가 어찌겠다는 겁니까?

不	不				
아닐 불	`一丆才不`				
問	問				
물을 문	`丨冂冂門門問問`				
曲	曲				
굽을, 누룩 곡	`丨冂冃内曲曲`				
直	直				
곧을 직	`一十广古直直直`				

죄 없는 그들을 불문곡직 잡아다가 어찌겠다는 겁니까?

사면초가
四面楚歌

사방에서 들리는 초나라의 노래라는 뜻으로 아무에게도 도움을 받지 못하는, 외롭고 곤란한 지경에 빠진 형편을 이르는 말이에요.

이렇게 적용해요

성 밖에도 적, 성안에도 적, 그야말로 사면초가였어.

四					
넉 사	ㅣ 冂 冂 四 四				
面					
낯 면	一 ア ア 丙 丙 面 面 面				
楚					
초나라 초	一 十 オ 林 林 赫 替 楚 楚				
歌					
노래 가	一 一 可 可 可 豇 哥 哥 訶 歌 歌				

성 밖에도 적, 성안에도 적, 그야말로 사면초가였어.

사상누각
砂上樓閣

모래 위에 세운 누각이라는 뜻으로, 기초가 튼튼하지 못하여 오래 견디지 못할 일이나 물건을 이르는 말이에요.

이렇게 적용해요

시장과 고객의 요구를 외면한 원천 기술은 사상누각에 불과해.

砂					
모래 사	一 丁 石 石 砂 砂				
上					
윗 상	ㅣ 卜 上				
樓					
다락 누	一 十 オ 杆 杆 杆 桓 槽 樓 樓				
閣					
집 각	ㅣ ア ア ア 門 門 門 閉 閣 閣				

시장과 고객의 요구를 외면한 원천 기술은 사상누각에 불과해.

사필귀정

事必歸正

모든 일은 반드시 바른길로 돌아간다는 뜻이에요.

이렇게 적용해요

나는 오늘날까지 사필귀정의 신념 하나로 버티며 살아왔어.

事	일 사	一二亓亓亘車事
必	반드시 필	゛ノ必必必
歸	돌아갈 귀	′⺊⺊⺊ᅣ自自自自皀皀皀歸歸
正	바를 정	一丁下正正

나는 오늘날까지 사필귀정의 신념 하나로 버티며 살아왔어.

산전수전

山戰水戰

산에서도 싸우고 물에서도 싸웠다는 뜻으로, 세상의 온갖 고생과 어려움을 다 겪었음을 이르는 말이에요.

이렇게 적용해요

정 검사는 산전수전 다 겪었어.

山	메 산	ㅣ凵山
戰	싸움 전	゛゛甲單單戰戰
水	물 수	ㅣ기水水
戰	싸움 전	゛゛甲單單戰戰

정 검사는 산전수전 다 겪었어.

산해진미
山海珍味

산과 바다에서 나는 온갖 진귀한 물건으로 차린, 맛이 좋은 음식을 뜻해요.

이렇게 적용해요
산해진미가 가득 놓인 식탁이구나.

한자	쓰기
山 메 산	ㅣ 山 山
海 바다 해	丶 氵 汁 汁 海 海 海
珍 보배 진	一 T 王 玜 珍 珍 珍
味 맛 미	丨 口 口 叮 呀 味 味

산해진미가 가득 놓인 식탁이구나.

살신성인
殺身成仁

자기의 몸을 희생하여 인(仁)을 이룬다는 뜻이에요.

이렇게 적용해요
살신성인의 희생정신을 발휘해 보자.

한자	쓰기
殺 죽일 살	ノ 乂 尹 圥 杀 杀 杀 殺 殺 殺
身 몸 신	′ 亻 竹 竹 自 身 身
成 이룰 성	ノ 厂 厅 成 成 成
仁 어질 인	ノ 亻 仁 仁

살신성인의 희생정신을 발휘해 보자.

삼고초려
三顧草廬

유비가 제갈공명을 세 번이나 찾아가 군사로 초빙한 데서 유래한 말로 인재를 맞아들이기 위하여 참을성 있게 노력한다는 뜻이에요.

이렇게 적용해요

유비는 삼고초려 끝에 제갈량을 군사로 맞아들이는 데 성공했어.

三					
석 삼	一 二 三				
顧					
돌아볼 고	顧				
草					
풀 초	草				
廬					
농막집 려	廬				

유비는 삼고초려 끝에 제갈량을 군사로 맞아들이는 데 성공했어.

삼천지교
三遷之敎

맹자의 어머니가 아들을 가르치기 위하여 세 번이나 이사를 하였음을 이르는 말이에요.

이렇게 적용해요

지금도 삼천지교를 행하는 부모들이 많아.

三					
석 삼	一 二 三				
遷					
옮길 천	遷				
之					
갈 지	之				
敎					
가르칠 교	敎				

지금도 삼천지교를 행하는 부모들이 많아.

상전벽해

桑田碧海

뽕나무밭이 변하여 푸른 바다가 된다는 뜻으로, 세상일의 변천이 심함을 비유적으로 이르는 말이에요.

이렇게 적용해요

상전벽해라더니 그동안에 이렇게 변했구나!

한자	훈음	획순
桑	뽕나무 상	ㄱ ㄲ 叒 叒 桑 桑 桑
田	밭 전	丨 冂 日 田 田
碧	푸를 벽	= 王 珀 珀 碧 碧 碧
海	바다 해	丶 氵 汇 汇 海 海 海

상전벽해라더니 그동안에 이렇게 변했구나!

새옹지마

塞翁之馬

변방에 사는 노인의 말이라는 뜻으로, 인생의 길흉화복은 변화가 많아서 예측하기가 어렵다는 말이에요.

이렇게 적용해요

인간사 새옹지마라더니 이번 일이 딱 그렇구나.

한자	훈음	획순
塞	변방, 막힐 새	丶 宀 宀 宋 宲 実 実 寒 寒 塞
翁	늙은이 옹	八 公 公 公 翁 翁 翁
之	갈 지	丶 亠 之
馬	말 마	丨 厂 厓 馬 馬 馬

인간사 새옹지마라더니 이번 일이 딱 그렇구나.

★ 쉬어가기 - 재미있는 고사성어 유래

새옹지마(塞翁之馬)

塞 변방 새, 翁 늙은이 옹, 之 어조사 지, 馬 말 마

옛날, 중국 북쪽 변방에 한 노인이 살았는데 점을 잘 쳤다고 해요. 어느 날, 노인이 키우던 말이 고삐를 끊고 북쪽 오랑캐 땅으로 달아났답니다. 이웃 사람들이 찾아와 그를 위로했지만 노인은 크게 안타까워하지도 않고 태연하게 말했어요.
"뭐, 별일 아니오. 이 일이 도리어 복일지 누가 알겠소?"
몇 달이 지난 뒤, 도망쳤던 말이 오랑캐 땅에서 멋진 준마 한 마리를 데리고 돌아왔어요. 이번에도 이웃 사람들이 찾아와 축하를 건넸지만 노인은 기뻐하지도 않고 무심하게 말했답니다.
"글쎄요, 이게 근심이 되어 나쁜 일이 생길지 누가 압니까?"
노인의 아들은 말타기를 좋아했어요. 준마가 생기자 날마다 말타기를 즐겼는데 그만 말에서 떨어져 다리가 부러지고 말았답니다. 아들이 절름발이가 되자 이웃 사람들이 혀를 끌끌 차며 노인을 위로했어요. 이번에도 노인은 대수롭지 않다는 듯 이렇게 말했답니다.
"걱정 마시오. 이것이 또 복일지 누가 알겠소?"
1년이 지난 어느 날, 북쪽 오랑캐가 쳐들어와 전쟁이 일어나자 나라에서 급히 군사들을 뽑았어요. 너 나 할 것 없이 무기를 들고 싸움터로 나갔지만 젊은이들은 열에 아홉이 오랑캐와 싸우다 죽고 말았답니다. 하지만 절름발이가 된 노인의 아들은 전쟁에 나가지 않아 목숨을 지킬 수 있었어요.
'새옹지마(塞翁之馬)'는 '변방 늙은이의 말'이라는 뜻이에요. 노인의 말로 인해 나쁜 일이 좋은 일로, 좋은 일이 나쁜 일로 되었답니다. 그래서 '인생만사 새옹지마'라는 말이 나왔어요. 인생 여러 가지 일이 새옹지마처럼 화가 복으로, 복이 화로 바뀔 수 있다는 뜻이에요. 비슷한 뜻으로 '전화위복'이 있어요.

선견지명

先見之明

어떤 일이 일어나기 전에 미리 앞을 내다보고 아는 지혜를 말해요.

이렇게 적용해요

율곡 이이는 전쟁에 대한 선견지명이 있었기 때문에 강병설을 주장했어.

先 먼저 선	ノ ㅗ ㅛ 生 步 先			
見 볼 견	l 冂 冂 目 目 貝 見			
之 갈 지	ˋ ㅗ 之			
明 밝을 명	冂 冃 日 日 明 明 明			

율곡 이이는 전쟁에 대한 선견지명이 있었기 때문에 강병설을 주장했어.

설상가상

雪上加霜

눈 위에 서리가 덮인다는 뜻으로, 난처한 일이나 불행한 일이 잇따라 일어남을 이르는 말이에요.

이렇게 적용해요

시간도 없는데 설상가상으로 길까지 막혔다.

雪 눈 설	一 厂 厂 币 雨 雪 雪 雪			
上 윗 상	l ㅏ 上			
加 더할 가	ㄱ 力 加 加 加			
霜 서리 상	一 厂 厂 币 雨 雪 霜 霜 霜			

시간도 없는데 설상가상으로 길까지 막혔다.

설왕설래

說往說來

서로 변론을 주고받으며 옥신각신함. 또는 말이 오고 감을 말해요.

이렇게 적용해요

설왕설래 입방아를 찧을 뿐 결론이 나지 않았어.

說				
말씀 설	一 二 三 言 訒 訡 訪 說			
往				
갈 왕	ノ ノ 彳 彳 往 往 往			
說				
말씀 설	一 二 三 言 訒 訡 訪 說			
來				
올 래	一 厂 厂 刀 办 來 來			

설왕설래 입방아를 찧을 뿐 결론이 나지 않았어.

송구영신

送舊迎新

묵은해를 보내고 새해를 맞는다는 뜻이에요

이렇게 적용해요

연말연시에 보내는 카드에는 대개 송구영신이라는 문구가 있어.

送				
보낼 송	一 ㅗ ㅛ 쏫 诶 送			
舊				
옛 구	一 十 艹 艹 苔 萑 萑 萑 蒦 舊 舊 舊			
迎				
맞을 영	ノ ㄈ 白 白 卬 沖 迎			
新				
새 신	一 ㅗ ㅛ 푸 亲 亲 新 新			

연말연시에 보내는 카드에는 대개 송구영신이라는 문구가 있어.

수구초심
首邱初心

여우가 죽을 때에 머리를 자기가 살던 굴 쪽으로 둔다는 뜻으로, 고향을 그리워하는 마음을 이르는 말이에요.

이렇게 적용해요

수구초심이라고 나이가 드니 고향 생각이 더 난다.

首	首				
머리 수	丶丷产产首首首				
邱	邱				
언덕 구	′′′斤斤斤邱邱				
初	初				
처음 초	丶ラネネ初初				
心	心				
마음 심	ノ心心心				

수구초심이라고 나이가 드니 고향 생각이 더 난다.

순망치한
脣亡齒寒

입술을 잃으면 이가 시리다는 뜻으로, 가까운 사이의 한쪽이 망하면 다른 한쪽도 그 영향을 받아 온전하기 어려움을 비유한 말이에요.

이렇게 적용해요

이웃 나라가 침범을 당하니 순망치한이 될까 염려스러워.

脣	脣				
입술 순	´厂厂厂斥辰脣脣脣				
亡	亡				
망할 망	丶一亡				
齒	齒				
이 치	丨丨止止齿齿齒齒				
寒	寒				
찰 한	丶宀宀宇宇宝寒寒				

이웃 나라가 침범을 당하니 순망치한이 될까 염려스러워.

시시비비

是是非非

여러 가지의 잘잘못을 말해요.

이렇게 적용해요

친구는 세상의 시시비비에서 벗어난 것처럼 보여.

是					
이, 옳을 시	` 日日目早早是是				
是					
이, 옳을 시	` 日日目早早是是				
非					
아닐 비	ノ ｊ ｊ ｜ ｜ 非非				
非					
아닐 비	ノ ｊ ｊ ｜ ｜ 非非				

친구는 세상의 시시비비에서 벗어난 것처럼 보여.

십시일반

十匙一飯

밥 열 술이 한 그릇이 된다는 뜻으로, 여러 사람이 조금씩 힘을 합하면 한 사람을 돕기 쉬움을 이르는 말이에요.

이렇게 적용해요

우리가 십시일반으로 돈을 모아서 불쌍한 이웃을 돕자.

十					
열 십	一十				
匙					
숟가락 시	` 日日日早早是是匙				
一					
한 일	一				
飯					
밥 반	ノ ｊ ｽ ↑ 今 今 食 食 飣 飯 飯				

우리가 십시일반으로 돈을 모아서 불쌍한 이웃을 돕자.

★ 쉬어가기 - 재미있는 고사성어 유래

순망치한(脣亡齒寒)

脣 입술 순, 亡 망할 망, 齒 이 치, 寒 찰 한

춘추시대 말엽에, 진나라의 헌공은 괵나라를 공격하려 했답니다. 그러나 괵나라를 치려면 우나라를 통과해야 했지요. 헌공은 고민 끝에 우나라의 우공에게 우나라를 지나도록 해주면 재물을 주겠다고 사신을 보내 설득했어요.

"진나라와 우나라는 형제라고 할 수 있습니다. 우리 왕께서 우의를 다지자는 뜻으로 보물을 보내셨습니다. 괵나라만 치고 우나라에는 조금도 해를 끼치지 않을 테니 길을 좀 열어 주십시오."

진나라 사신의 말에 우나라 왕은 귀가 솔깃했어요. 더구나 진귀한 보물까지 내놓자 거기에 빠져 청을 받아들이려고 했지요. 이때, 우나라의 현명한 신하 궁지기가 헌공의 속셈을 알아차리고 우공을 한사코 말렸어요.

"괵나라는 우나라의 보호벽이라 할 수 있습니다. 괵나라가 망하면 우나라도 망합니다. 옛말에 광대뼈와 잇몸은 서로 의지하고 입술이 없으면 이가 시리다고 했습니다. 괵나라와 우나라가 바로 그런 관계입니다. 절대 길을 열어 주셔서는 안 됩니다."

그러나 재물에 눈이 먼 우공은 궁지기의 말을 무시하고 진나라에게 길을 비켜주고 말았답니다. 궁지기는 결국 우나라를 떠나며 올해를 넘기지 못하고 우나라가 망할 것이라고 예견했어요. 궁지기의 예견대로 진나라는 괵나라를 징벌하고 돌아오는 길에 우나라도 정복했어요.

'순망치한(脣亡齒寒)'은 여기에서 비롯한 말로 '입술이 없으면 이가 시리다.'라는 뜻이에요. 서로 가까운 관계에 있는 한쪽이 망하면 다른 한쪽도 영향을 받아 온전하기 어렵답니다.

아비규환

阿鼻叫喚

여러 사람이 비참한 지경에 빠져 울부짖는 참상을 비유적으로 이르는 말이에요.

이렇게 적용해요

사고 현장은 그야말로 아비규환이었어.

阿					
언덕 아	` ³ ß ß ßˇ ßˇ 阿				
鼻					
코 비	´ 白 鳥 鼻 鼻 鼻 鼻				
叫					
부르짖을 규	｜ 口 口 叫 叫				
喚					
부를 환	｜ 口 口ˇ 吵 咺 唤 喚				

사고 현장은 그야말로 아비규환이었어.

아전인수

我田引水

자기 논에 물 대기라는 뜻으로, 자기에게만 이롭게 되도록 생각하거나 행동함을 이르는 말이에요.

이렇게 적용해요

불리할 때에만 원칙을 내세우는 그의 태도는 아전인수 그 자체야.

我					
나 아	´ ˊ 千 手 我 我 我				
田					
밭 전	｜ 冂 冂 田 田				
引					
끌 인	´ ˊ 弓 引				
水					
물 수	｜ 가 가 水				

불리할 때에만 원칙을 내세우는 그의 태도는 아전인수 그 자체야.

양상군자
梁上君子

들보 위의 군자라는 뜻으로, 도둑을 완곡하게 이르는 말이에요.

이렇게 적용해요

도둑놈을 때론 양상군자로 불러.

梁				
들보 양	氵氿氿汈泅梁梁			
上				
윗 상	丨卜上			
君				
임금 군	フユヨ尹君君君			
子				
아들 자	フ了子			

도둑놈을 때론 양상군자로 불러.

어부지리
漁夫之利

어부의 이익이라는 뜻으로, 두 사람이 이해관계로 서로 싸우는 사이에 엉뚱한 사람이 애쓰지 않고 가로챈 이익을 이르는 말이에요.

이렇게 적용해요

두 후보의 어리석음으로 당선 가능성이 없었던 다른 후보가 어부지리를 얻었어.

漁				
고기 잡을 어	丶氵氵汏渔渔渔			
夫				
지아비 부	一二夫夫			
之				
갈 지	丶㇇之			
利				
이로울 리	一二千千禾利利			

두 후보의 어리석음으로 당선 가능성이 없었던 다른 후보가 어부지리를 얻었어.

언중유골

言中有骨

말 속에 뼈가 있다는 뜻으로, 예사로운 말 속에 단단한 속뜻이 들어 있음을 이르는 말이에요.

이렇게 적용해요

언중유골이라더니, 그 말을 괜히 한 게 아니구나.

한자	쓰기
言 말씀 언	` 亠 ㅗ 듣 言 言 言
中 가운데 중	丨 ㅁ ㅁ 中
有 있을 유	ノ 𠂇 ナ 冇 有 有
骨 뼈 골	丨 ㅁ ㅁ ㅁ ㅁ 骨 骨

언중유골이라더니, 그 말을 괜히 한 게 아니구나.

연목구어

緣木求魚

나무에 올라가서 물고기를 구한다는 뜻으로, 도저히 불가능한 일을 굳이 하려 함을 비유적으로 이르는 말이에요.

이렇게 적용해요

공부는 하지 않는데 점수가 오르기를 바라는 것은 연목구어나 마찬가지야.

한자	쓰기
緣 인연 연	` ㄠ 幺 糸 糸 糸 紗 紗 終 緣 緣 緣
木 나무 목	一 十 才 木
求 구할 구	一 十 才 才 求 求 求
魚 물고기 어	ノ ク 午 争 角 魚 魚 魚

공부는 하지 않는데 점수가 오르기를 바라는 것은 연목구어 나 마찬가지야.

★ 쉬어가기 – 재미있는 고사성어 유래

어부지리(漁夫之利)

漁 고기 잡을 어, 夫 지아비 부, 之 어조사 지, 利 이로울 리(이)

전국시대, 연나라는 중국 북동쪽에 위치하고 있었어요. 서쪽은 조나라, 남쪽은 제나라와 국경을 마주하고 있었기 때문에 연나라는 양쪽으로 위협받고 있었지요.

어느 해, 조나라가 큰 흉년이 들어 곤경에 빠진 연나라를 침략하려 했답니다. 당시 연나라는 많은 병력을 제나라와의 국경에 배치해 놓고 있었기 때문에 조나라와 싸움을 벌이고 싶지 않았어요. 그래서 '소대'라는 사람을 조나라에 보냈답니다. 소대는 조나라 왕을 설득하려고 이런 이야기를 들려주었어요.

"제가 오늘 조나라로 오는 길에 아주 이상한 광경을 보았습니다."

"그게 무엇이오?"

"역수 강가를 지나는데 조개가 입을 벌린 채, 햇볕을 쬐고 있었습니다. 이때 황새가 나타나 조갯살을 쪼아 먹으려고 부리를 집어넣자 조개는 입을 오므려 황새의 주둥이를 꽉 물어 버렸습니다.

황새가 말했지요.

'오늘도 비가 안 오고 내일도 비가 안 오면 너는 말라죽고 말 것이다.'

그러자 조개가 대답했습니다.

'내가 오늘도 내일도 널 놓지 않으면 너야말로 죽고 말 것이다.'

이렇게 황새와 조개는 서로를 물고 늘어진 채, 옥신각신 고집을 부렸습니다. 그때 그곳을 지나가던 어부가 싸우는 그 둘을 보고 이게 웬 횡재인가 싶어 한꺼번에 잡아가 버렸습니다. 지금 왕께서는 연나라를 치려하고 있습니다. 연나라가 조개라면 조나라는 황새라고 할 수 있습니다. 둘이 헛된 싸움을 벌이다 지치면 저 진나라는 어부가 되어 힘들이지 않고 두 나라를 집어삼키고 말 것입니다."

"흠, 과연 옳은 말이오!"

이리하여 조나라 왕은 연나라 침공 계획을 거두었답니다.

'어부지리(漁夫之利)'는 이처럼 '둘이 쓸데없는 싸움을 벌이다 제3자가 이익을 차지하는 것'을 말해요.

오비이락

烏飛梨落

까마귀 날자 배 떨어진다는 뜻으로, 아무 관계도 없이 한 일이 공교롭게도 때가 같아 억울하게 의심을 받거나 난처한 위치에 서게 됨을 이르는 말이에요.

이렇게 적용해요
어제 한 일이 공교롭게도 오비이락일세.

烏					
까마귀 오	´ ´ ´ ´ 户 烏 烏 烏 烏				
飛					
날 비	乀 乁 飞 飞 飞 飛 飛 飛 飛				
梨					
배나무 이	´ ㅡ 千 禾 利 犁 梨 梨				
落					
떨어질 락	ㅡ + 艹 艹 汝 菠 茨 落 落				

어제 한 일이 공교롭게도 오비이락일세.

온고지신

溫故知新

옛것을 익히고 그것을 미루어서 새것을 앎을 말해요.

이렇게 적용해요
고전의 생명은 온고지신에 있어.

溫					
따뜻할 온	氵 汀 汩 汩 淠 溫 溫				
故					
연고 고	一 十 古 古 古 故 故 故				
知					
알 지	´ ㅗ 乍 矢 矢 知 知				
新					
새 신	´ ㅗ 立 辛 亲 新 新				

고전의 생명은 온고지신에 있어.

용두사미

龍頭蛇尾

용의 머리와 뱀의 꼬리라는 뜻으로, 처음은 왕성하나 끝이 부진한 현상을 이르는 말이에요.

이렇게 적용해요

용두사미로 끝내지 말고 착실한 독서회가 되었으면 좋겠어.

龍 용 용	一十产产产育育龍龍
頭 머리 두	一口日豆豆豆頭頭頭
蛇 긴뱀 사	丨口中虫虫虫蛇蛇蛇
尾 꼬리 미	一フコ尸尸屋尾

용두사미로 끝내지 말고 착실한 독서회가 되었으면 좋겠어.

유언비어

流言蜚語

아무 근거 없이 널리 퍼진 소문. 터무니없이 떠도는 말을 뜻해요.

이렇게 적용해요

선거철에는 종종 상대 후보를 비방하는 유언비어가 떠돌곤 해.

流 흐를 유	氵沪沪沪沪流流
言 말씀 언	、一一一一一言言言
蜚 바퀴 비	丿ㅋ丬非非非非蜚蜚
語 말씀 어	一一言言訁語語語

선거철에는 종종 상대 후보를 비방하는 유언비어가 떠돌곤 해.

유유상종

類類相從

같은 무리끼리 서로 사귄다는 뜻이에요.

이렇게 적용해요

유유상종이라고 하더니 고만고만한 녀석들끼리 모였다.

類						
무리 유	丶 丷 业 米 米 类 类 类 类 類 類					
類						
무리 유	丶 丷 业 米 米 类 类 类 类 類 類					
相						
서로 상	一 十 才 木 朴 相 相 相 相					
從						
좇을 종	丿 彳 彳ㅅ 彳ㅅ 彳ㅆ 從					

유유상종이라고 하더니 고만고만한 녀석들끼리 모였다.

이심전심

以心傳心

마음과 마음으로 서로 뜻이 통함을 말해요.

이렇게 적용해요

우리는 이심전심으로 통해요.

以						
써 이	丶 レ レ 以 以					
心						
마음 심	丶 心 心 心					
傳						
전할 전	丿 亻 亻 仨 伸 俥 傳 傳 傳					
心						
마음 심	丶 心 心 心					

우리는 이심전심으로 통해요.

이율배반
二律背反

서로 모순되는 두 명제가 동등한 타당성을 가지고 주장되는 일을 말해요.

이렇게 적용해요

그 명제는 이율배반적이야.

二					
두 이	一二				
律					
법칙 율	′ ㇒ 彳 彳 彳 彳 律 律				
背					
등, 배반할 배	丨 丬 키 非 非 背 背 背				
反					
돌이킬 반	一 厂 万 反				

그 명제는 이율배반적이야.

익자삼우
益者三友

사귀어서 도움이 되는 세 가지의 벗. 심성이 곧은 사람과 믿음직한 사람, 문견이 많은 사람을 말해요.

이렇게 적용해요

넌 익자삼우가 있으니 정말 좋겠다.

益					
더할 익	′ ㇔ ㇠ ㇠ 𠔉 𠔉 益				
者					
놈 자	十 土 耂 者 者 者				
三					
석 삼	一 二 三				
友					
벗 우	一 ナ 方 友				

넌 익자삼우가 있으니 정말 좋겠다.

인과응보
因果應報

선을 행하면 선의 결과가, 악을 행하면 악의 결과가 반드시 뒤따름을 뜻해요.

이렇게 적용해요

놀부가 벌을 받게 되는 것은 인과응보야.

因	因				
인할 **인**	丨 冂 冂 囙 闪 因				
果	果				
실과 **과**	丨 冂 冂 日 旦 甲 果 果				
應	應				
응할 **응**	丶 广 广 广 庐 庐 庐 雁 雁 應 應				
報	報				
갚을 **보**	一 十 土 キ 幸 幸 幸 郣 報 報				

놀부가 벌을 받게 되는 것은 인과응보야.

일일삼추
一日三秋

하루가 삼 년 같다는 뜻으로, 몹시 애태우며 기다림을 이르는 말이에요.

이렇게 적용해요

합격 통지서를 기다리는 것이 일일삼추 같아.

一	一				
한 **일**	一				
日	日				
날 **일**	丨 冂 日 日				
三	三				
석 **삼**	一 二 三				
秋	秋				
가을 **추**	丿 二 千 禾 禾 禾 秋 秋				

합격 통지서를 기다리는 것이 일일삼추 같아.

일 취 월 장
日 就 月 將

나날이 다달이 자라거나 발전함을 말해요.

이렇게 적용해요

철수가 마음을 먹고 공부에 전념하니 일취월장이야.

日					
날 **일**	ㅣ ㄇ 日 日				
就					
나아갈 **취**	ᅩ 宀 亠 吉 京 郭 就 就				
月					
달 **월**	ㅣ ㄇ 月 月				
將					
장차, 장수 **장**	ㅣ ㅂ ㅂ ㅂ 北 北 北 將 將				

철수가 마음을 먹고 공부에 전념하니 일취월장이야.

일 필 휘 지
一 筆 揮 之

글씨를 단숨에 죽 내리 씀을 말해요.

이렇게 적용해요

할아버지는 일필휘지로 적으셨어.

一					
한 **일**	一				
筆					
붓 **필**	ノ ㅅ ㅆ 竹 竺 竺 筝 筆				
揮					
휘두를 **휘**	一 ㅓ ㅕ 护 护 拝 拝 揑 揮				
之					
갈 **지**	ㆍ ㄱ 之				

할아버지는 일필휘지로 적으셨어.

★ 쉬어가기 – 재미있는 고사성어 유래

유언비어 (流言蜚語)

流 흐를 유(류), 言 말씀 언, 蜚 날 비, 語 말씀 어

중국 한나라 때 명장인 두영 장군은 이웃 나라의 침략을 물리쳐 공을 많이 세웠어요. 그래서 황제였던 경제가 그를 몹시 아껴 준 덕분에 두영은 벼슬도 높고 권세도 강했답니다. 그러나 경제 다음으로 무제가 황제에 오르자 사정이 달라졌어요. '전분'이라는 왕족이 세력을 키워 두영과 힘겨루기에 나섰기 때문이지요. 그때부터 두영은 차츰 세력이 기울기 시작했답니다.

"경제 황제가 없으니 이제 두영은 끈 떨어진 두레박 신세야. 그런데 전분이라는 왕족이 궁을 휘어잡고 있다며?"

"앞으로는 그분한테 잘 보여야 출셋길에 지장이 없을 거야."

모두들 이렇게 쑤군대며 전분에게 환심을 사려고 애를 썼어요. 하지만 '관부'라는 장수만은 두영과 의리를 지켰답니다.

'달면 삼키고 쓰면 뱉는다더니, 세상인심이 참으로 고약하군. 난 두영 장군과 쌓은 의리를 절대 배반하지 않겠다!'

그 후, 관부가 연나라 공주와 결혼할 때 공교롭게도 전분과 두영이 함께 자리하게 되었어요. 그 자리에서 술에 취한 전분이 거만하게 말했답니다.

"요즘 어떤 사람을 일컬어 끈 떨어진 두레박이요, 이빨 빠진 호랑이라고 놀려대는데 누굴 보고 하는 말인지 아시오?"

갑자기 분위기가 싸늘해지자 사람들은 모두 숨을 죽였답니다. 이때, 전분이 방자하게 웃으며 계속 말을 이었어요.

"그게 누군가 하니……. 바로 저기 앉은 두영이라는 늙은이를 두고 하는 말이라오."

두영은 속에서 불덩이가 치밀었지만 꾹 참았어요. 그러나 옆에서 이를 지켜보던 관부가 전분을 꾸짖었답니다.
"아니, 그 무슨 무례한 말이오? 옛말에 아무리 권세가 높아도 10년을 가지 못한다 했소. 그렇게 자기 권세만 믿고 오만을 부리다간 언젠가 큰 화를 당할 것이오."
결국 이 일을 빌미로 관부와 두영은 옥에 갇히고 말았어요. 하지만 두영은 지난날, 반란군을 무찌른 공으로 풀려나게 되었답니다. 이 소식에 전분은 다시 무서운 음모를 꾸몄어요.
'이 기회에 두영을 아예 없애 버려야지.'
다음 날, 두영이 옥에서 황제를 헐뜯었다는 유언비어가 나라 곳곳에 퍼졌답니다. 물론 이는 두영을 모함하려고 전분이 퍼뜨린 거짓 소문이었지요. 거짓 소문이 무제의 귀에 들어가자 두영은 처형당하고 말았답니다. 《사기》에는 이 같은 유언비어로 무제가 공이 많은 장수를 죽였다고 써 놓았어요.
'유언비어(流言蜚語)'란 '터무니없는 헛소문'을 말한답니다. 친구를 따돌리거나 골탕 먹이려고 없는 말을 지어내는 일도 유언비어예요. 유언비어를 퍼뜨리는 사람은 언젠가 자신도 그 덫에 걸릴 수 있다는 사실을 명심하는 게 좋아요.

자화자찬

自畫自讚

자기가 그린 그림을 스스로 칭찬한다는 뜻으로, 자기가 한 일을 스스로 자랑함을 이르는 말이에요.

이렇게 적용해요

자화자찬처럼 들리겠지만 이 작품은 내가 심혈을 기울인 거야.

自					
스스로 자	′ 丨 冂 冂 自 自				
畫					
그림 화	一 っ っ 丑 由 聿 聿 書 書 畫 畫				
自					
스스로 자	′ 丨 冂 冂 自 自				
讚					
기릴 찬	一 二 言 言 言 言 言 言 言 讚 讚 讚				

자화자찬처럼 들리겠지만 이 작품은 내가 심혈을 기울인 거야.

장삼이사

張三李四

장씨(張氏)의 셋째 아들과 이씨(李氏)의 넷째 아들이라는 뜻으로, 이름이나 신분이 특별하지 아니한 평범한 사람들을 이르는 말이에요.

이렇게 적용해요

평화로운 시대에 태어났더라면 장삼이사로 조용하게 살았을 거야.

평화로운 시대에 태어났더라면 장삼이사로 조용하게 살았을 거야.

적반하장

賊反荷杖

도둑이 도리어 매를 든다는 뜻으로, 잘못한 사람이 아무 잘못도 없는 사람을 나무람을 이르는 말이에요.

이렇게 적용해요

적반하장도 유분수지.

賊					
도둑 적	刂 刂 貝 貯 賊 賊 賊				
反					
돌이킬 반	一 厂 反 反				
荷					
멜 하	一 十 艹 芢 芢 荷 荷				
杖					
지팡이 장	一 十 木 木 杖 杖				

적반하장도 유분수지.

전전긍긍

戰戰兢兢

몹시 두려워서 벌벌 떨며 조심함을 말해요.

이렇게 적용해요

전전긍긍 애쓰지 말고 나에게 말해 봐.

戰					
싸움 전	〬 単 単 畄 罩 戰 戰				
戰					
싸움 전	〬 単 単 畄 罩 戰 戰				
兢					
떨릴 긍	一 十 古 克 克 竞 兢 兢				
兢					
떨릴 긍	一 十 古 克 克 竞 兢 兢				

전전긍긍 애쓰지 말고 나에게 말해 봐.

전화위복

轉禍爲福

재앙과 근심, 걱정이 바뀌어 오히려 복이 됨을 말해요.

이렇게 적용해요

현재의 어려움을 전화위복의 계기로 삼으렴.

轉	轉				
구를 전	一 ㄩ 亘 車 幹 軒 軒 轉 轉				
禍	禍				
재앙 화	一 ㄔ ネ 和 袘 禍 禍				
爲	爲				
할 위	一 ㄷ ㄸ 戶 爲 爲 爲				
福	福				
복 복	一 ㄔ ネ 和 袘 禍 福 福				

현재의 어려움을 전화위복의 계기로 삼으렴.

절치부심

切齒腐心

몹시 분하여 이를 갈며 속을 썩인다는 뜻이에요.

이렇게 적용해요

3년 동안 절치부심하여 새로운 앨범을 발표했어요.

切	切				
끊을 절	一 ㄷ 切 切				
齒	齒				
이 치	一 ㅏ ㅑ ㅕ 凿 齒 齒 齒				
腐	腐				
썩을 부	广 广 庐 庐 腐 腐 腐				
心	心				
마음 심	ㆍ 心 心 心				

3년 동안 절치부심하여 새로운 앨범을 발표했어요.

조삼모사
朝三暮四

아침에 세 개, 저녁에 네 개라는 뜻으로, 간사한 꾀로 남을 속여 희롱함을 이르는 말이에요.

이렇게 적용해요

정책 개편안이 조삼모사라는 평가를 받았어요.

朝				
아침 조	十 十 古 古 卓 朝 朝 朝			
三				
석 삼	一 二 三			
暮				
저물 모	一 十 艹 芍 苗 莒 草 莫 募 暮			
四				
넉 사	丨 冂 四 四 四			

정책 개편안이 조삼모사라는 평가를 받았어요.

좌불안석
坐不安席

앉아도 자리가 편안하지 않다는 뜻으로, 마음이 불안하거나 걱정스러워서 한군데에 가만히 앉아 있지 못하는 모양을 이르는 말이에요.

이렇게 적용해요

나의 하루하루는 바늘방석에 앉은 것 같은 좌불안석이었다.

坐				
앉을 좌	丿 人 사 사사 사사 坐 坐			
不				
아닐 불	一 丆 不 不			
安				
편안 안	丶 丷 宀 灾 安 安			
席				
자리 석	一 广 广 庐 庐 席 席			

나의 하루하루는 바늘방석에 앉은 것 같은 좌불안석이었다.

좌지우지

左之右之

이리저리 제 마음대로 휘두르거나 다룸을 말해요.

이렇게 적용해요

대장은 게임을 좌지우지해요.

左					
왼 좌	一ナナ左左				
之					
갈 지	丶ㅗ之				
右					
오른쪽 우	ノナナ右右				
之					
갈 지	丶ㅗ之				

대장은 게임을 좌지우지해요.

주객전도

主客顚倒

주인과 손의 위치가 서로 뒤바뀐다는 뜻으로, 사물의 경중·선후·완급 따위가 서로 뒤바뀜을 이르는 말이에요.

이렇게 적용해요

주객전도라더니 위로를 받아야 할 분이 위로를 하네요.

主					
임금, 주인 주	丶ㅗㅗ主主				
客					
손 객	丶宀宀宀宀客客				
顚					
엎드러질 전	一ㅏ片片片直眞眞顚顚顚				
倒					
넘어질 도	ノイイ仁伝侄倒				

주객전도라더니 위로를 받아야 할 분이 위로를 하네요.

주마간산
走馬看山

말을 타고 달리며 산천을 구경한다는 뜻으로, 자세히 살피지 아니하고 대충대충 보고 지나감을 이르는 말이에요.

이렇게 적용해요
대부분의 관광객은 주마간산으로 지나친다.

走				
달릴 주	一 十 土 キ キ 走 走			
馬				
말 마	1 厂 厂 厅 馬 馬			
看				
볼 간	二 干 千 禾 看 看 看			
山				
메 산	1 山 山			

대부분의 관광객은 주마간산으로 지나친다.

죽마고우
竹馬故友

대말을 타고 놀던 벗이라는 뜻으로, 어릴 때부터 같이 놀며 자란 벗을 말해요.

이렇게 적용해요
죽마고우인 그 둘은 이제 습관까지 닮아 간다.

竹				
대 죽	丿 ㇒ ㇓ ㇓ 竹 竹			
馬				
말 마	1 厂 厂 厅 馬 馬			
故				
연고 고	一 十 古 古 古 故 故			
友				
벗 우	一 ナ 方 友			

죽마고우인 그 둘은 이제 습관까지 닮아 간다.

중과부적

衆寡不敵

적은 수효로 많은 수효를 대적하지 못함을 말해요.

이렇게 적용해요

군민이 힘을 합했으나 중과부적으로 적에게 쫓기고 말았어.

衆 무리 중	丶 冖 血 血 血 衆 衆
寡 적을 과	丶 宀 宀 宀 宀 宁 宙 宜 宜 寅 寡 寡
不 아닐 부	一 フ 不 不
敵 대적할 적	亠 宀 产 产 产 啇 啇 啇 敵 敵 敵

군민이 힘을 합했으나 중과부적으로 적에게 쫓기고 말았어.

중구난방

衆口難防

뭇사람의 말을 막기가 어렵다는 뜻으로, 막기 어려울 정도로 여럿이 마구 지껄임을 이르는 말이에요.

이렇게 적용해요

각각 여러 패로 나누어져 의견이 중구난방이야.

衆 무리 중	丶 冖 血 血 血 衆 衆
口 입 구	丨 冂 口
難 어려울 난	一 卝 卝 芇 苩 堇 莫 菓 菓 艱 難 難
防 막을 방	丶 阝 阝 阝 阝 防 防

각각 여러 패로 나누어져 의견이 중구난방이야.

중언부언 重言復言

이미 한 말을 자꾸 되풀이함. 또는 그런 말을 뜻해요.

이렇게 적용해요

너답지 않게 중언부언이냐?

한자	훈음	필순
重	무거울 중	ノ 一 亠 亡 肯 肯 重 重
言	말씀 언	` 一 亠 宁 言 言 言
復	다시 부	ノ 亻 亻 彳 复 复 復
言	말씀 언	` 一 亠 宁 言 言 言

너답지 않게 중언부언이냐?

진퇴유곡 進退維谷

이러지도 저러지도 못하고 꼼짝할 수 없는 궁지를 뜻해요.

이렇게 적용해요

왜적들은 진퇴유곡에 빠졌어.

한자	훈음	필순
進	나아갈 진	亻 亻 亻 亻 隹 進 進
退	물러날 퇴	그 ㅋ ㅌ 艮 艮 退 退
維	벼리 유	' 幺 糸 紒 紒 紒 維 維 維
谷	골 곡	' 八 夂 父 谷 谷

왜적들은 진퇴유곡에 빠졌어.

차일피일
此日彼日

이날 저 날 하고 자꾸 기한을 미루는 모양을 뜻해요.

이렇게 적용해요

차일피일 지내다 보니 어느새 시험을 보는 날이 되었어.

此	此				
이 차	1 ト 止 此 此				
日	日				
날 일	1 冂 冃 日				
彼	彼				
저 피	ノ 彳 彳 彳 彼 彼 彼				
日	日				
날 일	1 冂 冃 日				

차일피일 지내다 보니 어느새 시험을 보는 날이 되었어.

천고마비
天高馬肥

하늘이 높고 말이 살찐다는 뜻으로, 하늘이 맑아 높푸르게 보이고 온갖 곡식이 익는 가을철을 이르는 말이에요.

이렇게 적용해요

가을은 천고마비의 계절이야.

天	天				
하늘 천	一 二 チ 天				
高	高				
높을 고	丶 亠 亠 咅 音 高 高 高				
馬	馬				
말 마	1 厂 厂 FF 馬 馬				
肥	肥				
살찔 비	刀 月 月 肝 肌 肥 肥				

가을은 천고마비의 계절이야.

천방지축

天方地軸

못난 사람이 종작없이 덤벙이는 일을 말해요.

이렇게 적용해요

그전에는 천방지축 어린 나이였고 이제는 감수성이 풍부해요.

天					
하늘 천	一二 チ 天				
方					
모 방	、一亍方				
地					
땅 지	一 十 土 圤 圳 地				
軸					
굴대 축	一 ㄷ 亠 日 曰 車 軒 軒 軸 軸				

그전에는 천방지축 어린 나이였고 이제는 감수성이 풍부해요.

철두철미

徹頭徹尾

처음부터 끝까지 철저하게를 뜻해요.

이렇게 적용해요

그들은 철두철미하게 유교 정책을 받들 것을 강요했어.

徹					
통할 철	ノ 彳 彳 彳 徉 徉 徉 徹 徹				
頭					
머리 두	一 ㄷ 豆 豇 頭 頭 頭				
徹					
통할 철	ノ 彳 彳 彳 徉 徉 徉 徹 徹				
尾					
꼬리 미	ㄱ ㄱ 尸 尸 尸 尾 尾				

그들은 철두철미하게 유교 정책을 받들 것을 강요했어.

청출어람

青出於藍

쪽에서 뽑아낸 푸른 물감이 쪽보다 더 푸르다는 뜻으로, 제자나 후배가 스승이나 선배보다 나음을 비유적으로 이르는 말이에요.

이렇게 적용해요

청출어람이라더니, 이젠 네가 스승보다 낫구나.

青						
푸를 청	二 キ 主 青 青 青					
出						
날 출	丨 ㄴ ㅂ 出 出					
於						
어조사 어	一 ㅎ 方 ガ 於 於 於					
藍						
쪽 람	一 艹 犷 犷 萨 萨 萨 藍 藍 藍					

청출어람이라더니, 이젠 네가 스승보다 낫구나.

촌철살인

寸鐵殺人

한 치의 쇠붙이로도 사람을 죽일 수 있다는 뜻으로, 간단한 말로도 남을 감동하게 하거나 남의 약점을 찌를 수 있음을 이르는 말이에요.

이렇게 적용해요

해학과 유머 속에는 촌철살인의 비수가 숨어 있지.

寸						
마디 촌	一 十 寸					
鐵						
쇠 철	ノ ト 午 牟 余 金 金 釱 鉒 鉒 鐵 鐵					
殺						
죽일 살	ノ メ 二 ヂ 乎 杀 ネ 殺 殺					
人						
사람 인	ノ 人					

해학과 유머 속에는 촌철살인의 비수가 숨어 있지.

★ 쉬어가기 – 재미있는 고사성어 유래

촌철살인 (寸鐵殺人)

寸 마디 촌, 鐵 쇠 철, 殺 죽일 살, 人 사람 인

'촌철' 이란 손가락 한 개 폭 정도의 무기를 뜻해요. 남송시대에 나대경이라는 학자가 있었어요. 나대경이 밤에 집으로 찾아온 손님들과 함께 나눈 담소를 기록한 것이 〈학림옥로〉예요. 학림옥로에 종고선사가 선에 대해 말한 부분에서 촌철살인이 등장한답니다.

"어떤 사람이 무기를 한 수레 가득 싣고 왔다고 해서 살인을 할 수 있는 것이 아니다. 나는 오히려 한 치 쇳조각만 있을 뿐이나 그것으로 당장 사람을 죽일 수 있다."

이는 선(禪)의 본바탕을 파악한 말로, 여기에서 '살인' 이란 무기로 사람을 죽이는 것이 아니라 마음속의 속된 생각을 없애고 깨달음에 이름을 의미해요. 번뇌를 없애고 정신을 집중하여 수양한 결과 나오는 아주 작은 것 하나가 사물을 변화시키고 사람을 감동시킬 수가 있는 것이지요. 단 한 마디 말로 죽음에서 건지기도 하고 죽게도 만드는 것이 촌철살인의 위력이랍니다.

'촌철살인(寸鐵殺人)' 은 여기에서 비롯되었어요. 보통 성인 남자 손가락 한 개 폭의 촌(寸), 쇠로 만든 무기 철(鐵)에서 촌철은 한 치도 못되는 작은 무기를 뜻한답니다. 본디 촌철살인은 "한 치 쇳조각으로 사람을 죽이듯 작은 것일지라도 한 가지에 집중해 참선하면 깨우치는 순간이 온다." 라는 뜻이에요. 오늘날에는 아주 짧고 간결한 말로 핵심을 찌르거나 깊은 감동을 줄 때 '촌철살인' 이라는 표현을 쓴답니다.

칠전팔기

七顚八起

일곱 번 넘어지고 여덟 번 일어난다는 뜻으로, 여러 번 실패하여도 굴하지 아니하고 꾸준히 노력함을 이르는 말이에요.

이렇게 적용해요
칠전팔기의 끈질긴 정신을 발휘하렴.

七	七				
일곱 칠	一七				
顚	顚				
엎드러질 전	一十冂且甚眞眞顛顚顚				
八	八				
여덟 팔	ノ八				
起	起				
일어날 기	一十キ走起起起				

칠전팔기의 끈질긴 정신을 발휘하렴.

침소봉대

針小棒大

작은 일을 크게 불리어 떠벌림을 말해요.

이렇게 적용해요
친구들이 침소봉대로 전하는 말을 들었어.

針	針				
바늘 침	ノ人ト수余金金針				
小	小				
작을 소	」小小				
棒	棒				
막대 봉	一十才 杧桙梼棒棒				
大	大				
큰, 클 대	一ナ大				

친구들이 침소봉대로 전하는 말을 들었어.

타 산 지 석

他山之石

다른 산의 나쁜 돌이라도 자신의 옥돌을 가는 데에 쓸 수 있다는 뜻으로, 하찮은 남의 말이나 행동도 자신의 인격을 수양하는 데 도움이 될 수 있음을 비유적으로 이르는 말이에요.

이렇게 적용해요

지난 일은 타산지석으로 삼는게 좋아.

他					
다를 **타**	ノ イ 亻 仳 他 他				
山					
메 **산**	ㅣ ㄩ 山				
之					
갈 **지**	` ㇗ 之				
石					
돌 **석**	一 ㄏ ㄈ 石 石				

지난 일은 타산지석으로 삼는게 좋아.

탁 상 공 론

卓上空論

현실성이 없는 허황한 이론이나 논의를 말해요.

이렇게 적용해요

월요일은 회의를 탁상공론으로 끝냈어.

卓					
높을 **탁**	ㅣ ㅏ 占 占 占 卓 卓				
上					
윗 **상**	ㅣ ㅏ 上				
空					
빌 **공**	` 宀 宀 空 空 空 空				
論					
논할 **론**	` 亠 言 訟 診 論 論 論				

월요일은 회의를 탁상공론으로 끝냈어.

탐관오리
貪官汚吏

백성의 재물을 탐내어 빼앗는, 행실이 깨끗하지 못한 관리를 말해요.

이렇게 적용해요

탐관오리의 횡포가 심해.

貪					
탐낼 탐	人 今 今 含 含 貪 貪				
官					
벼슬 관	⸍ ⸍ 宀 宀 宁 官 官				
汚					
더러울 오	⸍ ⸍ 氵 汀 汚 汚				
吏					
벼슬아치 리	一 口 口 吏 吏				

탐관오리의 횡포가 심해.

태산북두
泰山北斗

태산과 북두칠성을 아울러 이르며, 세상 사람들로부터 존경받는 사람을 비유적으로 이르는 말이에요.

이렇게 적용해요

학자들도 그를 태산북두라며 우러러보았어.

泰					
클 태	三 夫 夫 秦 泰 泰				
山					
메 산	ㅣ 凵 山				
北					
북녘 북	一 十 十 北 北				
斗					
말 두	⸍ ⸍ 二 斗				

학자들도 그를 태산북두라며 우러러보았어.

파안대소
破顔大笑

매우 즐거운 표정으로 활짝 웃음을 뜻해요.

이렇게 적용해요

부모님의 파안대소를 오랜만에 보았어.

破	깨뜨릴 파	一 丆 石 矴 矿 破 破
顔	낯 안	一 亠 立 产 彦 顔 顔 顔
大	큰, 클 대	一 ナ 大
笑	웃음 소	ノ ト 大 竺 竺 竺 笑 笑

부모님의 파안대소를 오랜만에 보았어.

파죽지세
破竹之勢

대를 쪼개는 기세라는 뜻으로, 적을 거침없이 물리치고 쳐들어가는 기세를 이르는 말이에요.

이렇게 적용해요

아군은 파죽지세로 적군을 이 땅에서 몰아냈어.

破	깨뜨릴 파	一 丆 石 矴 矿 破 破
竹	대 죽	ノ ト 午 사 竹 竹
之	갈 지	丶 ㇇ 之
勢	형세 세	一 十 土 大 幸 執 執 勢 勢

아군은 파죽지세로 적군을 이 땅에서 몰아냈어.

포복절도

抱腹絕倒

배를 그러안고 넘어질 정도로 몹시 웃음을 말해요.

이렇게 적용해요

그 책은 몇 페이지만 읽고도 포복절도할 지경이었어.

抱	抱				
안을 포	扌 扌 扌 扚 扚 抐 抱				
腹	腹				
배 복	刂 刂 刂 肑 肑 胪 胪 腹				
絶	絶				
끊을 절	ㄥ 幺 糸 紀 紹 絶 絶				
倒	倒				
넘어질 도	ノ 亻 亻 仵 伜 侳 倒				

그 책은 몇 페이지만 읽고도 포복절도할 지경이었어.

풍전등화

風前燈火

바람 앞의 등불이라는 뜻으로, 사물이 매우 위태로운 처지에 놓여 있음을 비유적으로 이르는 말이에요.

이렇게 적용해요

나라의 운명이 풍전등화와 같구나.

風	風				
바람 풍	丿 几 凡 風 風 風 風				
前	前				
앞 전	丷 广 肖 肖 前 前				
燈	燈				
등 등	丶 丷 火 癶 烀 烀 烂 燈 燈 燈				
火	火				
불 화	丶 丷 火 火				

나라의 운명이 풍전등화와 같구나.

학수고대

鶴首苦待

학의 목처럼 목을 길게 빼고 간절히 기다림을 뜻해요.

이렇게 적용해요

친구들을 초대할 생일날을 학수고대 기다리곤 했었어.

鶴	鶴			
학 학	一ナオ才产萑崔雀雀雀雀雀鹤鹤			
首	首			
머리 수	丷䒑产首首首			
苦	苦			
쓸 고	一十卄艹 芒苦苦			
待	待			
기다릴 대	′彳彳彳彳待待待			

친구들을 초대할 생일날을 학수고대 기다리곤 했었어.

함구무언

緘口無言

입을 다물고 아무 말도 하지 아니한다는 뜻이에요.

이렇게 적용해요

삼촌은 벙어리가 된 것처럼 함구무언이야.

緘	緘			
봉할 함	′ㄠ幺糸糽紤紤絨緘緘			
口	口			
입 구	ㅣ口口			
無	無			
없을 무	一ᅩ無無無無			
言	言			
말씀 언	丶亠言言言言言			

삼촌은 벙어리가 된 것처럼 함구무언이야.

함흥차사

咸興差使

심부름을 가서 오지 아니하거나 늦게 온 사람을 이르는 말이에요.

이렇게 적용해요

심부름을 보낸 지가 언젠데 아직도 함흥차사인가.

咸	咸					
다 함	ノ 厂 厂 戸 咸 咸 咸					
興	興					
일 흥	´ ´ ´ 刊 岡 岡 嗣 興 興					
差	差					
다를 차	´´ ´´ ¥ 差 差 差 差					
使	使					
하여금 사	ノ 亻 仁 使 使					

심부름을 보낸 지가 언젠데 아직도 함흥차사인가.

혈혈단신

孑孑單身

의지할 곳이 없는 외로운 홀몸을 뜻해요.

이렇게 적용해요

그는 일가친척이라고는 하나도 없는 혈혈단신이야.

孑	孑					
외로울 혈	ㄱ 了 孑					
孑	孑					
외로울 혈	ㄱ 了 孑					
單	單					
홀 단	` ´´ ´´ 盟 盟 單					
身	身					
몸 신	´ ´ ´ 行 自 身 身					

그는 일가친척이라고는 하나도 없는 혈혈단신이야.

형설지공

螢雪之功

반딧불이, 눈과 함께 하는 노력이라는 뜻으로, 고생을 하면서 부지런하고 꾸준하게 공부하는 자세를 이르는 말이에요.

이렇게 적용해요

그는 형설지공으로 공부에 매진하였어.

螢 반딧불이 형	螢	˙ ˙ ˙˙ ˙˙ 炊 炏 炑 带 帯 螢 螢
雪 눈 설	雪	一 ア 帀 乖 雪 雪 雪 雪
之 갈 지	之	` ㇄ 之
功 공 공	功	一 ㄒ 工 功 功

그는 형설지공으로 공부에 매진하였어.

호사다마

好事多魔

좋은 일에는 흔히 방해되는 일이 많음. 또는 그런 일이 많이 생긴다는 뜻이에요.

이렇게 적용해요

호사다마라더니 좋은 날에 갑자기 사고가 뭐야.

好 좋을 호	好	ㄑ 夂 女 好 好 好
事 일 사	事	一 ㄇ 戸 弖 丐 写 事
多 많을 다	多	ノ ク タ タ 多 多
魔 마귀 마	魔	广 广 广 庐 庐 庐 庐 庐 磨 魔 魔

호사다마라더니 좋은 날에 갑자기 사고가 뭐야.

호연지기

浩然之氣

사람의 마음에 차 있는 너르고 크고 올바른 기운을 말해요.

이렇게 적용해요

화랑들은 산과 들을 누비며 호연지기를 키웠어.

	넓을 호	`丶氵汀浩浩浩浩`
	그럴 연	`ク夕タ 狄狄然然然`
	갈 지	`丶ㄅ之`
	기운 기	`ㄣ ㄣ 气气气氣氣`

화랑들은 산과 들을 누비며 호연지기를 키웠어.

혼비백산

魂飛魄散

혼백이 어지러이 흩어진다는 뜻으로, 몹시 놀라 넋을 잃음을 이르는 말이에요.

이렇게 적용해요

대포를 쏘는 바람에 혼비백산이 된 적군이 달아나 버렸어.

	넋 혼	`二 云 动 动 神 魂 魂`
	날 비	`乀 乀 乀 가 가 飛 飛 飛`
	넋 백	`´ 冂 白 白´ 的 的 鲍 魄 魄`
	흩을 산	`艹 芉 芋 背 背 散 散`

대포를 쏘는 바람에 혼비백산이 된 적군이 달아나 버렸어.

화룡점정
畫龍點睛

무슨 일을 하는 데에 가장 중요한 부분을 완성함을 비유적으로 이르는 말이에요.

이렇게 적용해요

판소리로 화룡점정을 한다면 어떤 식으로 진행이 될까?

畫 그림 화	一丁ㅋ丑聿書書書書畫			
龍 용 룡	一亠产产育育龍龍			
點 점 점	口曰甲黑黑點點			
睛 눈동자 정	丨冂日日＊睁睁睛睛			

판소리로 화룡점정을 한다면 어떤 식으로 진행이 될까?

후생가외
後生可畏

젊은 후학들을 두려워할 만하다는 뜻으로, 후학들이 학문을 닦음에 따라 선배들보다 큰 인물이 될 수 있어 가히 두렵다는 말이에요.

이렇게 적용해요

뛰어난 후배들이 점점 많아져 후생가외라는 말을 실감하게 된다.

後 뒤 후	ﾉｲｲ彳彳祚後後			
生 날 생	ﾉ卜ﾑ生生			
可 옳을 가	一丁可可可			
畏 두려워할 외	口田田田畏畏畏			

뛰어난 후배들이 점점 많아져 후생가외라는 말을 실감하게 된다.

흥망성쇠

興亡盛衰

흥하고 망함과 성하고 쇠함을 뜻해요.

이렇게 적용해요

모든 일에는 흥망성쇠가 있다.

興 일 흥	興					
亡 망할 망	亡					
盛 성할 성	盛					
衰 쇠할 쇠	衰					

모든 일에는 흥망성쇠가 있다.

희로애락

喜怒哀樂

기쁨과 노여움과 슬픔과 즐거움을 아울러 이르는 말이에요.

이렇게 적용해요

아버지는 좀처럼 희로애락을 낯빛에 나타내지 않으셨어.

喜 기쁠 희	喜					
怒 성낼 로(노)	怒					
哀 슬플 애	哀					
樂 즐길 락(낙)	樂					

아버지는 좀처럼 희로애락을 낯빛에 나타내지 않으셨어.